철학자,
믿음의 여인을
묵상하다

Bernhard Welte, *Maria, die Mutter Jesu. Meditationen*
© 1976 Verlag Herder GmbH, Freiburg im Breisgau
Korean translation copyright © 2024 Catholic Publishing House
All rights reserved. No part of this book may be used or reproduced in any manner without written permission, except in the case of brief quotations embodied in critical articles or reviews.

철학자, 믿음의 여인을 묵상하다

2024년 1월 22일 교회 인가
2024년 3월 29일 초판 1쇄 펴냄

지은이 · 베른하르트 벨테
옮긴이 · 조규홍
펴낸이 · 정순택
펴낸곳 · 가톨릭출판사
편집 겸 인쇄인 · 김대영
편집 · 강서윤, 김소정, 박다솜
디자인 · 강해인, 송현철, 이경숙, 정호진
마케팅 · 황희진, 안효진

본사 · 서울특별시 중구 중림로 27
등록 · 1958. 1. 16. 제2-314호
전자우편 · edit@catholicbook.kr
전화 · 1544-1886(대표 번호)
지로번호 · 3000997

ISBN 978-89-321-1893-2 03230

값 16,000원

성경 · 교회 문헌 © 한국천주교중앙협의회, 2024.

이 책의 한국어 출판권은 (재)천주교서울대교구 가톨릭출판사에 있습니다.
이 책은 저작권법에 의해 보호를 받는 저작물이므로 무단 전재와 무단 복제를 금합니다.

가톨릭의 모든 도서와 성물을 '**가톨릭출판사 인터넷쇼핑몰**'에서 만나 보실 수 있습니다.
http://www.catholicbook.kr | (02)6365-1888(구입 문의)

Bernhard Welte

철학자,
믿음의 여인을
묵상하다

베른하르트 벨테 지음 · 조규홍 옮김

예수님의 어머니를 바라보는
10가지 시선

가톨릭출판사

- 일러두기

  본문에 있는 각주는 모두 옮긴이 주입니다.

들어가는 말

예수님의 어머니, 마리아에 관하여 묵상한 이 글들은 의도하는 바가 있다. 그리스도인의 삶과 실존을 바로 세우는 데에 도움을 주는 것이다.

따라서 다소 무겁게 느껴지는 교의적인 가르침을 살피는 글이 아니다. 나아가 최근 들어 활발해진 논의, 그러니까 마리아에 관한 교의敎義를 두고 부분적으로나마 해석학적인 논의 또는 교의신학적인 논의에 끼어들려고 시도하지 않을 것이다. 그렇지만 마리아론에 관한 오늘날의 논의는 물론 《성경》에 관한 현대의 해석 역시 어쩌면 이 같은 깊은 묵상들을 토대로 삼아야 할지 모른다. 그래서 내가 여기서 묵상한 것들이 성경해석학적이며 교의신학적인 성향을 띨 수 있다고 본다. 그러나 무엇보다 중요한 것은 **바로 세우는 일이다.** 이에 **예수님의 어머니**라는 개념과 관련하여 아주 오랜 전통 아래서 자연스럽게 생겨난 여러 가지 용어들, 호칭 그리고 상징들로부터 그리스도인의 삶을 조명하고 새롭게 진작시키는 데에 안성맞춤인 몇몇 요소들을 확보하는 것이 바람직할 것이라고 생각한다.

이 묵상의 글들은 내가 알버트 루드비히 대학교(프라이부르크 소재) 성당에서 주기적으로 강연했던 내용이 주를 이룬다. 이 대학교 성당은 원죄 없이 잉태되신, 곧 **임마꿀라따**Immaculata 동정 마리아(축일 12월 8일)에게 봉헌된 성당이다. 그래서 이 축일을 맞아 성모님에 관하여 강연할 기회가 항상 내게 주어졌다. 그렇다고 이 강연을 가볍게 느낀 적은 한 번도 없었다. 오히려 언제나 부담스러웠다. 만일 내가 마음대로 선택할 수 있었다면, 이 대학교 성당 수호성인 축일에 강연을 도맡지는 않았을 것이다. 하지만 다른 한편 이처럼 부담스러운 상황은 나에게 그때마다 다시금 새롭게 이 주제와 관련하여 관심을 갖고 전통적으로 전해져 온 것과 혹여 여진히 사람들이 불편하게 여기는 부분들을 재고함으로써 우리 시대와 이 세상에 보다 더 생생한 의미를 고취할 만한 점들을 그때마다 새롭게 살피도록 동기를 부여했다.

당연히 나는 그동안 준비하고 발표했던 강연들을 꼼꼼히 김도하였고 다시 요약하여 정리하였으며 일부는 새롭게 추가하였다. 그리하여 이 묵상집에 수록된 글들이 하나의 작은 책자로 다듬어질 경우 내가 의도하는 바를 보다 더 잘 전달할 수 있으면 좋겠다. 다시 말하지만, 이 책이 의도하는 바는 깊이 **묵상하는 일과 바로 세우는 일**이다.

1976년 3월, 프라이부르크에서
베른하르트 벨테

옮긴이의 말

이 소책자는 베른하르트 벨테의 전집全集 15권 가운데 제5-1권에 그가 오랫동안 성모 마리아에 대해 묵상한 글들을 모아 '특정 인물에 관한 연구'라는 제목 아래 수록된 글(GW. V/1, SS. 134-170)인데, 이 부분만 별도로 우리말로 옮겨 단편으로 출간한 것이다. 지은이는 이 연구를 시작하면서 두 가지를 염두에 두었다. 이 묵상집에 수록된 글들이 의도하는 바는 깊이 "묵상하는 일"과 "바로 세우는 일"이다.

그러므로 우리는 이 묵상집에서 지은이가 성모 마리아

를 어떻게 바라보며 자신의 생각을 전개하는지 보게 될 것인데, 《성경》에 드러난 사태事態의 아주 작은 부분까지 섬세하게 살피면서도 구원 역사 전체를 아우르는 신학적 지식을 바탕으로 드러나지 않은 실체에 대한 전망도 함께 고백하는 그의 신앙과 마주하게 될 것이다. 나아가 지은이가 시도하고 제안하는 기대 이상의 놀라운 해석과 설명에 공감해 가면서 차츰 성숙해져 가는 우리 자신 또한 발견하게 될 것이다. 이때 그의 묵상 의도가 성모님에 대한 신심을 바로 세우는 일이라는 점에서 지나친 비약이나 과장된 생각을 경계하였다는 사실도 이 책의 특징이라 하겠다.

먼저 지은이는 "마리아의 모성"이 모든 여성들은 물론 인류에게 주어진 하느님의 "은총"이자 "과제"라는 해석부터 시작한다. 그것은 마리아가 예수님의 어머니로 부르심을 받은 구원 역사의 확고한 근거이기에, 아무도 부인할 수 없다. 뒤에 가서 지은이는 좀 더 친절하게 "은총"에 대한 신학적인 입장을 설명한다. "은총은 하느님에게서 창조된 우리 인간이 하느님께 마음을 여는 순간 우리에게 주어지며 변화를 일으킨다. 그렇게 교회는 가르친다." 그 용어는 "오늘날에도 실제 **매력**으로 번역되기도 하여, 개개인의 눈부신 모습, 그러니까 한 인간의 내적인 심성이 훌륭한 삶을 일구며 그를 만나는 모두에게 기쁨을 선사하는 그런 의미"로 이해된다. "그런 점에서 모성이란 것은 하느님의 선물인 은총을 가장 인간적인 형식으로 표현한 것이라고 말할 수 있다."

이 명약관화한 사실이 "은총"인 동시에 "과제"라는 해석은 그렇듯 은총을 받아들이신 성모님에게서 도출된다. 왜냐하면 "하느님께서 무언가를 선사하신다면, 그 은총을 기꺼이 받아들이도록 준비하는 사람도 있어야 합당할 것"이라는 논리 때문이다.

지은이는 나아가 그러한 과제의 측면에서 성모님을 본받아야 할 점에 대해 첨언한다. "동정 마리아가 앞서 하느님께서 마련하신 것을 기꺼이 받아들일 수 있었던 것처럼, 우리도 …… 하느님께서 일찍이 허락하시고 베푸신 **우리 자신** 또한 기꺼이 받아들일 수 있을 것이다. 우리의 장점들과 재능들만이 아니라 우리를 종종 소심하게 만들며 주눅 들게 하는 우리의 약점들과 어리석음마저 기꺼이 받아들일 수 있을 것이다. 우리의 화려했거나 부끄러웠던 지난 시절, 앞으로 점점 나이가 들어 쇠약해져서 생기는 약점조차도 그것이 영광스럽든 고통스럽든 구별하지 않고 받아들일 수 있으며, 나아가 그동안 그리고 앞으로 만나게 될 가족과 이웃들도 기꺼이 받아들일 수 있을 것이다."

우리는 "성모님이 그때마다 즉각적으로 마치 완전한 그리스도교 신앙을 갖추신 분처럼 행동하시지 않았음을 알 수 있다. 우리는 그분이 [당장 납득할 수 없는 그 모든 것을] 묵묵히 받아들이는 마음가짐으로 새롭게 믿어야 할 것(신앙 내용)을 대하시고, 그것이 차츰 무르익을 때까지 기다리셨음을 엿보게" 된다. 이는 어린 예수님을 성전에 봉헌하실 때 잃어버렸던 아드님을 나중에 찾았지만, 이해할 수 없는 아드님의 대답에 대한 성모님의 반응을 해석한 부분이다. 이어서 지은이는 성모님의 이 모습에서 우리가 새겨야 할 점에 대해 분명한 어조로 성모님을 다음과 같이 대변한다. "두려워하지 말고, 인내심을 길러 마음을 단단히 여미어라! 때때로 해결할 수 없는 문제를 안고서도 살아가는 법을 배우며 묵묵히 신뢰하는 가운데 당장 난해하게 여겨지는 것들도 너희의 마음속에 품을 수 있는 방법을 터득하라! 신앙의 사태에는 결코 완전무결하게 해소되는 경우가 없음을 알아듣도록 힘써라! 나아가 너희가 이러한 깨달음에 도달했다고 생각할 즈음에 때때로 또다시 모든 것이 혼란스럽게 무너져 버리는 날이 올 수 있다는 사실도 명심하라! 그러나 그럼에도 너희 마음을 다잡아 충실하게 머물러라!"

그러나 무엇보다도 성모님에게서 우리가 자주 눈에 밟히듯 떠오르는 이미지는 **고통받으시는 모습**이다. 사람들은 왜 성 베드로 성당의 '피에타상', 아니면 동일한 작가(미켈란젤로)가 말년에 조각한 또 다른 모습의 '피에타상' 앞에서 오래도록 머무르는 것일까? 지은이는 이 물음에 보편적인 시각으로 답변한다.

"고통이란 어찌 되었건 누구나 몸소 겪으며 헤쳐 나가야 할 것이란 점에서 모든 인간의 문제이기 때문이라고 말이다. 모든 사람은 자신들이 행복하기 위해 태어났다는 의식을 자연스레 지니고 있는 것처럼 보인다. 그럼에도 또 다른 한편 자신에게 다가오는 고통을 완벽하게 피할 수 없다는 사실과 저마다 각자에게 주어지는 고통을 짊어져야 한다는 사실을 공공연하게 의식하거나 마지못하지만 받아들이고 있다. 그래서 아무리 준비되어 있다 하더라도, 예기치 못한 일순간에 고통이 자신에게 들이닥쳤을 때 그로 인해 고통이라는 불행과 동시에 고통의 의미에 대해서도 묻게 될 것이요, 그렇게 끝없는 질문들이 자신도 모르게 샘솟듯 제기될 것이다. 그런 점에서 아마도 고통은 인간의 가장 심오하고 가장 인격적인 사태일 수 있다. 왜냐하면 고통은 인간에게 원하는 만큼의 행복을 온전히 채울 수 없다는 공허함(욕망)을 폭로하는 형태로 비정하게 다가오기 때문이다."

그러고는 항상 매번 묵상의 말미에 선보이듯, **고통 앞**

에서 성모님의 모습을 되새기며 새로운 시각으로 권고한다. "고통받는 중에도 그리고 행복한 상태에도 이기주의적인 행동으로 삶을 그르치지 마라! 그대의 입장에서 고통받는 이들의 고통을 직시하는 것을 잊지 마라! 이 드넓은 세상에서 괴로움으로 지쳐 가는 인류의 고통을 잊지 마라! 자신의 아이를 잃고 비통해하는 어머니들을 잊지 마라! 언제든 지치지 않고 따뜻하게 도움을 베풀려는 연민의 정을 품어라! 만일 그대가 몸소 고통을 받게 되거든, 그렇게 고통받는 다른 이들 또한 기억하라! 그대만이 겪는 고통이 그대를 이웃과 단절시키지 않도록 주의하라! 차라리 그 고통이 그대의 마음을 열어 사랑스럽게 연민의 정을 베푸는 사람으로 성장시키도록 이끌어라! 만일 그대가 고통스럽다면, 고통받는 다른 사람들을 찾아가서 그들의 상처를 치유하는 데에 도움을 주려고 힘써라! 진심으로 경청하고, 제때에 따뜻하게 말을 걸며, 사랑의 유대를 맺는 방식으로 진정한 도움을 베풀기 위해 상처 입은 사람들에게 다가가도록 하여라! 이 같은 도움이 가능한 곳에선 지체 없이 사랑으로 도움을 주어라!"

물론 이러한 신앙을 모두가 같은 수준에서 삶 속에 구현해 내지는 못한다. 더욱이 아예 신앙이 불편해서 거부하는 이들도 많다는 것을 지은이도 알고 있다. 그러한 신앙을 적극 환영할 수도 완강히 거부할 수도 있겠지만, 합리적인 근거가 없다면 중립적인 관점에서 다음과 같은 지은이의 제안도 생각해 볼 수 있을 것이다. "그래도 뭔가 바뀌지 않았는가! 예컨대 겉보기에 절망스러운 이 모든 비극적인 상황에도 불구하고 희망하는 것은 자유가 아닌가? 새로운 인간상에 대해 희망하는 것, 곧 마리아와 같은 모범을 따르려는 것이 굳이 나쁜 일이겠는가? 온갖 악에 비해 훨씬 더 차분하면서도 강력하게 진가를 발휘하는 하느님의 은총, 예수 그리스도께서 우리에게 선포하셨고, 그분을 통해 모두가 하느님과 화해할 수 있고 또 새로워질 수 있는 하느님의 은총을 기대해도 좋은 것 아닌가?"

가톨릭 교회는 신앙에 대한 제안을 언제나 개인의 자유에 토대를 둔다. 하느님에게서 오는 구원은 모두 "자발성이 보장된 상태에서 실현된 어떤 선물"과도 같은 것이기 때문이다. 그와 다르지 않은 취지에서 교회는 꾸준히 성모님에 대해 모든 성인들 이상으로 공경하는 전통을 지켜 왔으며, 이 믿음의 전통을 현대에 와서는 (1950년 비오 12세 교황의 교의 반포로) **성모 승천 대축일**이란 이름 아래 성대하게 기념한다. 이때 **승천**이라고 하는 다소 모호하게 들리는 이 용어를 지은이는 이렇게 풀이한다. "우리는 성모님의 죽음이 어머니로서 또 신앙인으로서 예수님과 함께 살아가는 삶을 마침내 완수하셨음을 뜻한다고 생각해도 좋을 것 같다." 그래서 "[돌아감을 함의하는] 죽음의 신비 속에서 최선을 다해 육신을 지닌 채 생명의 기운을 발휘한 인간, 곧 전인적인 의미에서 한 인간의 전 생애를 총결산하는 시점에서 성모 마리아를 하느님께서 인정하고 고양시키셨다고 말할 수 있지 않을까! 그렇게 성모님은 온전히 자신의 육신과 영혼을 지니신 채로 본향으로 되돌아가신 것이다."

지은이는 개인적으로 보자면, 이미 고인이 되신 내 은

사 에르빈 샤델Dr. Dr. Erwin Schadel의 스승이신 점에서 인연이 남다르다. 그의 작품들을 접할 때마다 온화하면서도 군더더기 없는 진솔한 화법으로 마음을 사로잡는 인상적인 학자로 기억에 남는다. 그래서일까? 신학자이자 종교 철학자의 시각으로 때로는 단호하게 때로는 조심스럽게 성모님에 관한 신앙 및 신심을 설명하는 이 글을 읽으면서 과연 그가 **바로 세우고자** 하는 바가 무엇인지 알 수 있을 것 같다. 성모님이 "자신의 삶을 통해 모범적인 신앙의 표징이 되셨다면, 우리는 이제 우리 각자의 삶을 통해 그분을 증언하는 증거자"가 되어야 한다. 그렇게 우리가 "서로에게 증인이 됨으로써 함께 힘을 모아" 온갖 죄악과 고통으로 우리의 삶을 옥죄는 "두려움을 몰아내야" 한다.

2023년 성금요일에
십자가 위의 예수님과 함께 성모님을 묵상하며
조규홍

차례

들어가는 말 _ 5

옮긴이의 말 _ 8

1장 하느님을 향한 준비된 마음 _ 21
2장 예수님의 어머니, 미리아 _ 35
3장 우리 믿음의 자매, 마리아 _ 45
4장 고통의 칼날 _ 61
5장 원죄 없이 잉태되신 여인 _ 79
6장 큰 뱀(용)을 짓밟고 서 계신 여인 _ 95
7장 은총이 가득하신 분 _ 111
8장 하와와 성모 마리아 _ 129
9장 성모 마리아와 교회 _ 143
10장 성모 마리아의 승천 _ 159

베른하르트 벨테는 누구인가? _ 175

1장

하느님을 향한 준비된 마음

여섯째 달에 하느님께서는 가브리엘 천사를 갈릴래아 지방 나자렛이라는 고을로 보내시어, 다윗 집안의 요셉이라는 사람과 약혼한 처녀를 찾아가게 하셨다. 그 처녀의 이름은 마리아였다. 천사가 마리아의 집으로 들어가 말하였다. "은총이 가득한 이여, 기뻐하여라. 주님께서 너와 함께 계시다." 이 말에 마리아는 몹시 놀랐다. 그리고 이 인사말이 무슨 뜻인가 하고 곰곰이 생각하였다. 천사가 다시 마리아에게 말하였다. "두려워하지 마라, 마리아야. 너는 하느님의 총애를 받았다. 보라, 이제 네가 잉태하여 아들을 낳을 터이니 그 이름을 예수라 하여라. 그분께서는 큰 인물이 되시고 지극히 높으신 분의 아드님이라 불리실 것이다." (그러나) 마리아가 천사에게 "저는 남자를 알지 못하는데, 어떻게 그런 일이 있을 수 있겠습니까?" 하고 말하자 천사가 마리아에게 대답하였다. "성령께서 너에게 내려오시고 지극히 높으신 분의 힘이 너를 덮을 것이다. 그러므로 태어날 아기는 거룩하신 분, 하느님의 아드님이라 불릴 것이다." 마리아가 말하였다. "보십시오. 저는 주님의 종입니다. 말씀하신 대로 저에게 이루어지기를 바랍니다."(루카 1,26-38)

예수님의 어린 시절에 관하여 전하는 〈루카 복음서〉에는 가브리엘 천사가 예수님의 어머니가 되실 처녀 마리아를 방문하여 그분에게서 태어날 아드님에 대해 고지하였다고 기록하고 있다. 이 기록에 따르면, 마리아는 처음엔 미심쩍어 질문을 하지만, 결국에는 하느님의 전령(천사)을 통해 자신에게 고지된 말씀을 전해 들으며 스스로 깨닫는 바에 따라 애당초 하느님에 의해 친히 마련된 섭리를 마음속 깊이 새기고 기꺼이 순종하겠다며 자신의 입장(준비된 마음)을 밝히는 데에 망설이지 않는다.

〈루카 복음서〉의 첫 장에서 전하는 이 아름다운 이야기에는 특별하게 활용된 문학적인 기법이 확연히 눈에 띈다. 예수님의 탄생 예고에 관한 이 보도報道에는 언어적 형식으로 전설적이고 신화적인 화법話法이 함께 구사되었다고 말할 수 있을 것이다. 그렇다고 해서 이러한 화법이 거기서 그 모든 말들이 전하고자 하는 데에 걸림돌이 되진 않는다.

그 모든 말들은 무엇보다도 성모님의 입장, 곧 동정 마리아가 하느님께서 마련하신 소명과 파견을 기꺼이 받아들이는 마음에 관하여 전한다. 이 준비된 마음은 천사의 말대로 동정 마리아가 **지극히 높으신 분의 아드님이신** 예수님의 어머니가 되기 위해 앞서 거쳐야 할 인간적인 전제 조건이었음을 성경에서 잘 전해 주고 있다. 물론 예수님의 어머니로서 동정 마리아의 이처럼 드높고도 근본적으로 존엄한 품위는 그 밖의 다른 모든 인간적인 전제 조건들과 비교하여 두드러지게 구별된다. 동정 마리아의 모성은 우선 하느님에게서 비롯한 **은총**이자 **과제**다. 그러나 하느님께서 무언가를 선사하신다면, 그 은총을 기꺼이 받아들이도록 준비하는 사람도 있어야 합당할 것이다. 이 같은 준비된 마음에 주목할 필요가 있다. 성경 본문을 통해 생각해 볼 때 동정 마리아는 하느님의 은총 및 소명에 적합한 자세를 보임으로써 특별하고도 올바른 의미에서 그녀와 같은 길을 걸어야 하는 모든 신앙인에게 모범적인 인물임에 틀림없다. 동정 마리아는 자신이 "주님의 종"이라고 서슴없이 고백하며, 하느님의 말씀대로 자신에게서 이루어질 것에 기꺼이 동의하며 순명한다.

과연 우리도 하느님의 은총과 소명에 동정 마리아처럼 준비되어 있는가? 은총을 베푸시기 위해 다가오시는 하느님의 부르심에 언제든 준비되어 있다고 말할 수 있는가? 세상의 온갖 관심사에 정신을 **빼앗기듯** 분주하기만 한 우리의 현실과 그로 인해 모든 것을 혼자 해결해 보겠다는 어리석은 자만심에서 과연 우리는 벗어날 수 있는가? 거의 매일같이 다그치는 성과成果 몰이, 퇴근 시간 이후에도 업무가 종료되지 않아 평일에는 집에서조차 쉴 수 없고, 심지어 주일마저 사라진 현대 사회에서 우리는 언제쯤 자유를 누릴 수 있을까?

지금까지 단 몇 분이라도 완전히 침묵한 채로 아주 조용히 그러나 그 어떤 분심도 없이 하느님의 나지막한 목소리에 귀 기울일 수 있을 만큼 마음을 가다듬는 시간을 가져 본 적이 있는가? 아니, 최소한 그럴 생각이라도 해 본 적이 있는가?

부단히 사라져 버리는 시간의 흐름 속에서 조용히 그 어떤 분심도 없이 마음을 가다듬을 수 있는 사람이라면 누구든 과연 시시때때로 하느님의 전령 혹은 그분께서 전하시는 말씀과 마주치게 될 것이다. 동정 마리아에게 일찍이 벌어졌던 것처럼, 갑자기 가슴 벅차오르는 순간을 맞아 신비롭게 자신을 감싸는 위로나 삶을 향한 새로운 용기, 필요하다면 고통과 죽음 앞에서 의연히 맞서도록 힘을 실어 주는 기적 같은 숨결을 느낄 수 있을 것이다. 언제나 천사와 같은 하느님의 전령 혹은 그분께서 전하시는 말씀이 존재하지만, 그러한 것들은 모름지기 조용히 그 어떤 분심도 없이 준비하는 마음을 지닌 이들만 지각할 수 있을 것이다.

만일 우리가 때때로 조용히, 아무런 분심 없이 하느님 말씀에 귀를 기울일 수 있다면, 또 다른 방향으로도 아주 잘 준비할 수 있을 것이다. 예컨대, 항상 우리에게 은총을 베푸시기 위해서 일찍이 당신 손으로 친히 마련하신 것은 무엇이든, 그러니까 동정 마리아가 앞서 하느님께서 마련하신 것을 기꺼이 받아들일 수 있었던 것처럼, 우리도 기꺼이 받아들일 수 있을 것이다.

바꿔 말해서 하느님께서 일찍이 허락하시고 베푸신 우리 자신 또한 기꺼이 받아들일 수 있을 것이다. 우리의 장점들과 재능들만이 아니라 우리를 종종 소심하게 만들며 주눅 들게 하는 우리의 약점들과 어리석음마저 기꺼이 받아들일 수 있을 것이다. 우리의 화려했거나 부끄러웠던 지난 시절, 앞으로 점점 나이가 들어 쇠약해져서 생기는 약점조차도 그것이 영광스럽든 고통스럽든 구별하지 않고 받아들일 수 있으며, 나아가 그동안 그리고 앞으로 만나게 될 가족과 이웃들도 기꺼이 받아들일 수 있을 것이다. 그리하여 우리의 운명이나 인생에 다가오는 숱한 도전들, 우리가 머무르는 사회, 우리가 살아가는 이 시대 등등 그 모든 것을 기꺼이 받아들일 수 있을 것이다. 왜냐하면 그 모든 것이 예외 없이 하느님께서 친히 당신 손으로 마련하시고 우리에게 선물처럼 내어 주신 것이요, 그 모든 것 안에는 예외 없이 당신의 전령 혹은 당신께서 친히 우리에게 다가와 어쩌면 나지막한 목소리로 건네시는 말씀이 감춰져 있기 때문이다. 그러므로 성모님의 입에서 다음과 같은 권고 말씀을 듣게 되는 것도 당연할 것이다.

언제든 준비하라. 두려워하지 말고, 그대가 지금 머무르는 그 자리에서 그대를 향해 말씀을 건네시는 하느님의 부르심에 귀를 기울여라!

하느님의 부르심에 귀를 기울이려고 준비하는 이러한 과정은 아무런 반문 없이 순조롭게 이뤄질 수 없는 듯하다. 앞서 동정 마리아에게서도 엿볼 수 있듯이 그분 역시 천사에게 반문하셨다. 하느님께서 우리에게 바라시는 바가 항상 똑같을 것이라고 생각하지는 않는다. 왜냐하면 그분께서는 우리 각자에게 저마다 실존하는 삶을, 그러니까 각자가 살아야 할 운명, 각자가 만나야 할 사람들, 각자가 짊어져야 할 짐(고난)을 선사하시기 때문이다. 그러나 그때마다의 상황에서 하느님과 멀어지지 않고 언제든 가까이서 부르심에 응답하고자 준비하는 이, 곧 믿음과 희망으로 하느님께서 자신에게 요구하시는 바에 기꺼이 응하는 사람은 자신에게 이미 펼쳐진 또 앞으로 펼쳐질 사태 또한 결국에는 두말할 것 없이 받아들이면서 **이 길이 곧 나의 길**이라 다짐하며 기쁘게 걸어갈 것이다. 일찍이 동정 마리아도 결국에는 자신의 길을 인정하고 기꺼이 모든 것을 감내하며 걸어가셨던 것처럼 말이다.

이와 같이 믿음과 희망으로 준비하는 마음은 마침내 아이를 품은 여인의 모태와 같이 인간이 갖춰야 할 터전이다. 왜냐하면 그와 같은 모성적인 품속에서 비로소 인조인간 같은 기계적인 존재가 아닌 진정한 인간이 품어지고 나아가 우리 모두가 기대하는 온전한 존재로 자랄 수 있으며 또 그렇게 자라야 바람직하기 때문이다. 날로 자라나는 나약한 아이의 신분을 취하신 예수님께서 동정 마리아에게 선물로 주어지셨던 것처럼, 또한 그림에도 그 아이의 위대함, 그 아이의 비밀, 그 아이의 운명을 보전하면서 오롯이 동정 마리아가 어머니로서 자신의 품에서 그분을 키워 내셨던 것처럼 말이다. 선善하고 살아 있으며 결실을 이루고 평화를 고무시키는 말들은 때때로 하느님의 부르심에 귀를 기울이려고 준비하는 사람들에게 선물로 주어진다. 또 그 말들은 거의 저절로 계속 자라나 마침내 꽃을 피우지만, 실제 그 말들을 입으로 전하는 온전한 사람은 그런 사실을 감춘다. 도움을 주고 기쁨을 일깨워 주며 위로를 가져다주는 일들은 때때로 성공하지만, 진심을 다하여 그 일들을 열심히 한다 하더라도, 어떻게 그리되었는지 알지는 못한다. 최선을 다해 내다보고 도달한 우리가 던지는 마지막 말은 "어디서 왔을까?"라는 물음이다. 그래서 정작 가장 풍부한 결실을 맺는 것은 우리가 스스로 준비하는 마음, 은총을 받은 이처럼 감사하는 마음, 우리의 내면 깊숙한 곳에 은총으로 심어진 씨앗이 순수하게 자라나 마침내 꽃을 피우도록 보살피는 바로 그런 마음이다.

예수님께서는 정녕 '이사이의 그루터기에서 돋아나는 햇순'(이사 11,1 참조)처럼 성모 마리아의 품에서 하느님을 위해 온전히 준비하는 마음으로 자라나셨기에 마침내 꽃을 피우실 수 있지 않았을까? 예수님께서는 당신의 영과 정신, 헌신적인 사랑을 온전히 하느님을 위해 준비하는 데에 부족함이 없도록 성모님의 품에서 우리와 같은 인간으로서 새로이 살과 피를 기꺼이 받아들이실 수 있었던 것이 아니었을까?

주님의 종임을 고백하는 동정 마리아는 이미 자신이 주님의 종이었고, 주님의 뜻에 따라 모든 것이 이뤄지도록, 주님의 말씀대로 하느님의 말씀(성자, 聖子)이라 불리는 분의 어머니가 되실 준비를 다했다고 말할 수 있다. 그래서 동정 마리아는 그와 같은 모습으로 우리에게 그 길을 밝혀 주실 수 있다. 그분이 몸소 그 길을 앞서 걸어가셨으니 말이다. 그래서 우리는 성모님을 우리가 어려우면서도 더없이 품격 높은 여정을 헤쳐 나가는 길목에서 우리를 지켜 주시는 수호자로 삼을 수 있다. 항상 고귀한 결실을 선사하시는 하느님을 향해 우리가 준비하려고 할 때 우리를 지켜 주시는 든든한 후원자로 삼을 수 있다.

2장

예수님의 어머니, 마리아

하느님을 위해 준비하는 동정 마리아의 진심 어린 마음을 헤아려 본다면 그분은 예수님의 어머니가 되실 만했다는 생각이 든다. 동정 마리아가 예수님의 어머니가 되셨기 때문에, 그분의 아드님이신 예수님께서 존경과 흠숭을 받으시는 동안 성모 마리아 역시 교회 안에서 존경받으실 것이다. 동정 마리아가 예수님의 어머니시라는 이 사실이 신앙인들의 공동체 안에서 사람들이 그분을 부르거나 덧붙여 칭하면서 그 시작부터 수백 년을 지나 지금에 이르기까지 호소하며 매달리는 그 모든 이름 및 호칭의 근거이자 원천이다.

과연 그분이 예수님의 어머니시라는 이 사실은 무엇을 말하는 것일까?

가장 먼저, 그분이 예수님을 잉태하셨음을 말한다. 세상의 모든 모성적 본성은 바로 이와 함께 시작된다. 성모님의 전 생애를 가득 채우고 그러한 삶에 의미와 영광을 부여한 그것은 선물(아기 예수님)이었다. 성모님이 그 선물을 스스로 마련하신 것은 아니었고 유일무이한 그 선물을 기꺼이 받아들이신 것이다. 그리고 기꺼이 받아들이신 그 선물을 자신의 품 안에서 키워 내기 위해 몸과 마음을 다해 온 정성을 바치셨다.

그런 다음 성모님은 어머니로서 예수님을 세상에 내놓으시어 그 아드님이 세상을 의미심장하게 비출 빛이 되도록 길을 터 주셨다. 그러므로 예수님의 탄생과 복음 선포 또한 성모님의 몸과 마음이 최선을 다해 협력하신 결과일 수 있다.

성모님은 어린 예수님을 계속해서 보살피셨고 어머니가 지닌 결코 단순하지 않은 인내와 사랑으로 예수님의 성장기를 이끌어 주셨다.

그리고 성모님은 마침내 예수님께서 맡으신 소명을 다 하시도록 자신의 품에서 자유롭게 놓아 드리셨고, 미처 다 알 수 없는 아드님의 운명을 성부께 맡기셨다. 당연히 그런 가운데서도 성모님은 어머니로서 아드님 곁에 머무르셨다. 그래서 성모님은 예수님을 완전히 자유롭게 놓아 드리셨고, 그렇게 놓아 드리신 후 결국 예수님 뒤로 물러나셨음에도 여전히 아드님의 일거수일투족에 동참하셨다. 곧 예수님께서 이루신 놀라운 기적들과 치유 행위들, 이스라엘 지도자들과의 논쟁과 갈등, 그로 인하여 파국을 맞아 십자가 위에서 당하는 수난과 죽음은 물론 그 너머 부활과 승천의 신비에 이르기까지 성모님은 늘 아드님과 함께하셨다. 예수님에게서 일어난 사건들은 설령 그리고 당장은 성모님이 겸손하신 어머니로서 아드님 뒤로 물러나 아드님이 자신에게만 주어진 길을 계속 걸어가며 자신만이 이뤄야 할 소명을 완수하는 데에 방해될 것이 없도록 배려하셨을지라도, 그때마다 그분이 성모님의 아드님이셨으며, 따라서 그분의 삶이 성모님의 삶과 아주 밀접하게 결합되어 있었음을 말해 준다.

그렇듯 성모님은 온통 그리고 항상 온전한 의미에서 예수님의 어머니셨다.

성모님은 예수님 곁에서 어머니로서 예수님을 통해 일어나고 또 예수님을 통해 선물처럼 주어지는 그 모든 것과 관련이 깊다. 그 누구보다도 먼저 억압받고 힘겹게 살아가는 사람들과 항상 주저하며 죄인으로 낙인찍혀 사회로부터 버림받고 소외되어 가슴앓이하는 사람들에게 위대하고 신비로운 선물로 계시된 하느님의 나라와 구원 은총의 범접할 수 없는 영광 등 그 모든 것이 예수님을 통해 계시되었던 것처럼 신약(새로운 약속)의 역사는 동정 마리아에게서 시작된 셈이다. 그리하여 성모님은 예수님의 어머니로서 그 모든 것의 증인이시다. 인간의 능력으로는 어찌할 수 없는 은총이 예수님을 통하여 이 세상에 주어졌다면, 그것은 그분의 어머니 마리아와 더불어 드러났다고도 볼 수 있으니, 돌이켜 보면 세상의 구원은 앞서 신앙과 겸손으로 하느님께 순종하신 성모님의 모성적인 동반同伴을 따라 펼쳐진 것이라고 생각할 수도 있다.

그러므로 예수님의 어머니이신 마리아에게 영광과 존경을 드리는 것이 합당하다. 성모님은 또한 그리고 특히 동정의 신분에서 어머니로 부르심받았으니, 이는 마태오 복음사가와 루카 복음사가가 증언하는 바다. 예수님과 함께 이 세상에 드러났고 또 그런 점에서 성모님에게서 만개滿開한 하느님의 위대한 선물은 어떠한 측면에서도 사람이 지어 낸 것이 아니다. 그런 의미에서 그것은 한마디로 순수한 은총이다. 이 은총은 오직 동정과 같은 순결한 마음가짐으로만 받아들여질 수 있고 또 동정 마리아가 보여 주신 그런 삶을 따라서(만) 계속 이어질 수 있다.

은총은 분명 인간들에게 선사될 뿐만 아니라 그런 의미에서 또한 인간들에게 맡겨졌는데, 가장 먼저 동정 마리아에게 맡겨진 것이다. 성모님은 [오롯이] 하느님의 순수한 은총에 의해 예수님의 어머니로 살아가셨기에, 동정으로 불리실 만하고 또 그렇게 불리셔야 합당했다. 그래서 이 호칭과 함께 이와 유사한 존경의 표시로 부르는 호칭들도 합당하다고 하겠다.

 [성모님처럼] 우리도 하느님의 선물을 신뢰하며 받아들일 준비가 되어 있을까? 우리는 [그에 반해] 항상 이런저런 이유로 궁색하고 분주하며 능력에 벅찬 여러 가지 성과를 요구받으면서 살아가는 사람들이 아닌가? [그러므로] 우리도 예수님을 통해서 우리의 구원 및 해방을 원하시는 하느님의 은총을 받기 위해 몸과 마음을 모으는 정성을 기울여야 하지 않을까? 그래서 하느님의 은총이 우리의 살과 피로써 구체적으로 실현되는 그리스도인다운 삶을 살아가면서 그 역량을 십분 발휘해야 하지 않을까? 우리도 성모님처럼 시의적절하게 뒤로 물러나는 법을 알고 실천할 수 있을까? 그래서 우리를 신뢰하는 이들에게 자유롭게 길을 터 주면서도 그들과 사심 없는 결속을 다지며 그들과 계속해서 가까이 머무를 수 있을까? 하느님께서 우리에게 맡기신 과제를 앞세움으로써 우리의 사적인 관심사를 미련 없이 유보하거나 폐기시킬 수 있

을까?

 우리는 어쩌면 우리의 기준과 가능성을 따라서 어느 정도 성모님처럼 살아갈 수 있을 것이다. 다시 말해 우리도 하느님의 선물을 신뢰하며 그것을 기꺼이 받아들이는 데에 어느 정도 순결한 마음으로 준비할 수 있을 것이다. 또한 하느님께 부족하지만 헌신적으로 봉사하는 모성적인 자세를 취할 수 있을 것이다. 나아가 어떤 이들은 어두운 이 세상에서 훨씬 더 좋은 모습을 보일 수도 있을 것이다. 그래서 그들은 어쩌면 우리의 삶을 비추는 영예로운 빛으로도 간주될 만하며, 그 영광은 우리의 교만한 마음과 잘못된 의도로 얼룩지지 않은 영광으로서 사람이 제힘으로 빚어낸 영광은 아니라고 할 것이다. 마치 성모님이 하느님의 위대한 은총을 신뢰하며 기꺼이 받아들이시고 사심 없이 봉사하셨기 때문에 존경과 영광을 누리셨던 것처럼 말이다.
 우리의 삶 안에서도 동정처럼 순결한 신앙에서 비롯하고 또 예수님의 어머니가 지니신 신실한 모성애에서 비롯하는 그런 어떤 것이 발현된다면, 그것은 비단 여성에게서만이 아니라 남성에게서도 아름답게 빛날 것이다.

3장

우리 믿음의 자매, 마리아

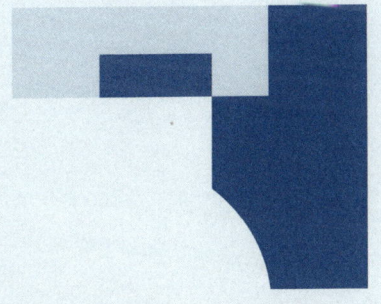

예수님이 열두 살 되던 해에도 이(파스카) 축제 관습에 따라 그리로 올라갔다. 그런데 축제 기간이 끝나고 돌아갈 때에 소년 예수님은 예루살렘에 그대로 남았다. 그의 부모는 그것도 모르고, 일행 가운데에 있으려니 여기며 하룻길을 갔다. 그런 다음에야 친척들과 친지들 사이에서 찾아보았지만, 찾아내지 못하였다. 그래서 예루살렘으로 돌아가 그를 찾아다녔다.

사흘 뒤에야 성전에서 그를 찾아냈는데, 그는 율법 교사들 가운데에 앉아 그들의 말을 듣기도 하고 그들에게 묻기도 하고 있었다. 그의 말을 듣는 이들은 모두 그의 슬기로운 답변에 경탄하였다. 예수님의 부모는 그를 보고 무척 놀랐다. 예수님의 어머니가 "애야, 우리에게 왜 이렇게 하였느냐? 네 아버지와 내가 너를 애타게 찾았단다." 하자, 그가 부모에게 말하였다. "왜 저를 찾으셨습니까? 저는 제 아버지의 집에 있어야 하는 줄을 모르셨습니까?" 그러나 그들은 예수님이 한 말을 알아듣지 못하였다.

예수님은 부모와 함께 나자렛으로 내려가, 그들에게 순종하며 지냈다. 그의 어머니는 이 모든 일을 마음속에 간직하였다(루카 2,42-51).

성모님은 당신의 아드님과 어머니로서 함께하셨다. 이 동행同行에 성모님의 신앙이 눈에 띄게 드러난다. 그렇게 드러난 신앙의 차원에서 성모님은 우리의 자매와도 같으신 분이다. 왜냐하면 우리 또한 당연히 그와 같은 믿음을 가지고 행동할 수 있다고 보기 때문이다. 때때로 우리에게도 신앙이 한순간 의아스럽게 다가올 수 있다. 우리도 그와 비슷한 상황에 처하면 성모님이 취하신 태도를 기억하자! 성모님은 우리와 같은 신앙의 길을 걷는 모든 자매들 가운데 가장 다정하고 존경스러우신 분이다. 만일 이 점을 예의 주시한다면, 성모님의 신앙은 우리의 신앙에 매우 유익한 길잡이가 될 것이다.

어머니는 누구보다도 먼저 자신의 아이를 신뢰하는 존재일 것이다. 그렇지 않다면, 성모님에게서 그와 다른 어떤 모습을 기대한단 말인가? 어머니와 아이에게는 서로 단단히 이어 주는 본성과 같은 탁월한 유대紐帶가 천부적으로 존재하는데, 어머니는 그로 인해 자연스럽게 다른 이들보다 앞서 자신의 아이에게 애정을 쏟으며 그런 차원에서 아이와 남다른 신뢰를 쌓아 가게 된다.

그러나 이렇듯 자연스럽게 맺어지는 남다른 신뢰도 아이가 자기 마음대로 행동하기 시작할 무렵 시험대에 오르게 된다. 앞에 인용한 '열두 살 되던 해에 예루살렘 성전'을 방문한 루카 복음서의 이야기에서 우리가 한 가지 주목할 만한 점이 눈에 띈다. 거기서 전하는 이야기는 열두 살의 어린 예수님이 자기 마음대로 행동하셨고, 그분의 부모, 특히 성모님은 율법학자들과 함께하는 자리에서 몹시 놀라운 행동을 하고 자신에게도 의외의 대답을 하는 아이를 당장은 분명하게 이해할 수 없으셨다고 한다. 하지만 그럼에도 성모님은 침착한 모습으로 어린 예수님을 남편 요셉과 함께 노심초사 찾아 나섰다가 마침내 그분을 발견하셨는데, 그분에게서 뜻밖의 대답을 조용히 들으셨다. 그래서 복음서는 "왜 저를 찾으셨습니까? 저는 제 아버지의 집에 있어야 하는 줄을 모르셨습니까?"(루카 2,49)라고 반문하듯 대답하시는 어린 예수님에 대해 성모님은 "이 모든 일을 마음속에 간직하였다."(루카 2,51)고 전한다.

그러므로 성모님이 그때마다 즉각적으로 마치 완전한 그리스도교 신앙을 갖추신 분처럼 행동하시지 않았음을 알 수 있다. 우리는 그분이 [당장 납득할 수 없는 그 모든 것을] 묵묵히 받아들이는 마음가짐으로 새롭게 믿어야 할 것(신앙 내용)을 대하시고, 그것이 차츰 무르익을 때까지 기다리셨음을 엿보게 된다. 물론 새롭게 믿어야 할 것은 그런 기다림 속에서 무르익어 가겠지만, 그것은 더 이상 그동안 자연스럽게 마주해 왔던 예전의 신앙 내용이 아닐 수 있다. 그동안의 전통적인 신앙은 분명 신앙의 토대로서 꾸준히 고려할 필요가 있겠으나 그러한 토대 위에서 완전히 새롭게 드러난 사태와 같이 새로운 신앙도 성장해야 할 것이다. 사람들이 당장 납득할 수 없는 그런 어떤 것에 대한 믿음이 요구될 수도 있기 때문이다. 이처럼 당장 납득하기 힘든 어떤 것이 바로 하느님의 표징일 수 있다는 믿음의 결단을 요구받을 수 있다. 예컨대, 예수님께서 하신 행동이 수수께끼처럼 제시되거나 특별한 방식으로 하느님과의 관계가 갑작스럽게 전개되거나 혹은 하느님께서 예수님과의 관계를 친히 밝히시고 하느님의 신비가 특별한 방식으로 예수님의 입에서 발설되는 바로 그 자리에서 우리의 결단을 요구하는 신앙이 존재할 수 있다. 이러한 신앙은 성모님이 그 모든 일을 마음속 깊이 간직하시고 무르익을 때까지 기다리셨던 것처럼 우리에게서도 침묵 중에 마음속 깊이 새겨지고 스스로 자라나도록 가만히 두어야 한다.

침묵 중에 받아들여 그것이 무르익기까지 가만히 기다리신 성모님의 신앙은 많은 것을 품을 수 있었다. 하지만 거기엔 성모님의 위대함도 자리한다. 그러니까 성모님의 마음속에서 계속 자라난 신앙은 그와 함께 일어날 법한 수많은 사건들에도 불구하고 고요한 침묵 속에서 꾸준히 성장해 나갔으니, 그것은 시간이 흐를수록 점점 더 명료해지고 단단해져 갔다.

우리는 예수님께서 장성하신 후 어머니 곁을 떠나셨다는 사실을 알고 있다. 예수님께서는 당신의 길을 걸어가셨고, 그 이후로 한동안 성모님에 관해서 우리는 더 이상 들은 것이 없다. 성모님의 신앙이 날로 자라고 성숙해지는 과정은 침묵 중에 혹은 감춰진 가운데 이루어졌다. 이 기간 동안 성모님의 신앙에 어긋나는 별다른 소문도 없었고 우연히 드러난 사건도 없었다. 성모님은 자신의 아이와 일정한 거리를 두었고 나머지는 베일에 싸인 채 남겨두고서 살아가셨다. 우리에게는 정적靜寂만이 감도는 시간처럼 여겨진다. 그러나 복음서에도 소개되지 않은

이 기간 동안 계속되었던 그러한 정적은 신앙이 계속해서 자라나는 못자리와 같다.

공관 복음은 언젠가 성모님과 예수님의 또 다른 친척들이 예수님께서 설교하시고 치유를 베푸시던 곳 가까이 찾아왔던 장면을 소개한다(마르 3,31-35 및 이와 병행하는 다른 공관 복음서와도 비교). 그러나 예수님께서는 그 장면에서 어머니를 향해 다가가시지 않는다. 오히려 그분은 하느님의 뜻을 실행하는 이라면 모두가 당신의 어머니요 형제라고 말씀하신다. 그러므로 예수님께서는 **모두를 위해** 살아야 하는 당신의 공적인 임무에 충실하셨음을 알 수 있다. 이처럼 복음서에선 당신의 어머니와의 사적인 관계에 대해 언급한 부분을 찾기 어렵다.

루카 복음서에서도 일부 차이가 있지만, 이와 같은 맥락의 장면 하나를 소개한다. 군중 가운데 한 여인이 '예수님을 낳고 기르신 어머니는 복되시다!' 하고 찬양한다. 하지만 예수님께서는 거기서도 어머니에게 다가가시지 않는다. 그러니까 거기서도 예수님께서는 당신의 공적인 임무에 충실하셨음을 보여 준다(루카 11,27 이하 참조).

이로써 사람들은 성모님이 자신의 아드님을 가까이 찾아가셨던 그곳에서도 날로 자라나는 믿음의 길을 혼자서 걸어가셔야 했음을 알 수 있다. 신앙의 이 같은 사태는 성모님에게 확실히 결코 가벼운 것도 편한 것도 아니었지만, 그분은 꾸준히 자신의 길을 묵묵히 걸어가셨고, 그와 더불어 신앙은 계속 자라났다.

이런 맥락에서 우리는 다음과 같은 점도 생각해야 할 것 같다. 그러니까 어머니와 아이의 자연스러운 친밀함이 둘 사이에서 싹트는 본래적인 신뢰라는 것도 아이가 천진난만한 시기에서 벗어나는 순간 결코 쉽게 쌓이지도, 아무런 문제 없이 이어 가지도 못한다는 사실을 생각해야 할 것 같다. 복음서들은 예수님이 당신의 고향 나자렛에서 복음을 선포하셨을 때 어떤 상황이 펼쳐졌는지 잘 전해 준다. 한마디로 고향 사람들이 예수님을 새로운 시선으로 바라보지 못하고 충돌하였다. 왜냐하면 예수님께서는 거기서 익히 잘 알려졌을 뿐만 아니라 예수님의 어머니와 나머지 다른 친척들도 그분을 잘 안다고 생각하였기 때문이다. 과연 다른 모든 사람들과 마찬가지로 대부분 그처럼 잘 알려진 이들에게 특별히 눈에 띄는 것이 대체 무엇일 수 있을까? '저 사람은 마리아의 아들, 목수가 아닌가?'(마르 6,3 참조) 하며 사람들은 기대할 것이 없다는 듯 못마땅해하였다고 전한다.

성모님도 이 같은 상황을 감지하셨을 것이다. 그토록 익히 잘 안다고 믿었던 아드님이 기어코 하느님께서 정하신 [고난의 가시밭길을 걸어가야 하는] 메시아가 되어야 하는가? 이런 부류의 질문 선상에서 보자면, 성모님에게도 여러 가지 고민해야 할 것들이 많았으리라고 생각할 수 있다. 왜냐하면 성모님에게도 자명하거나 평범한 것과는 거리가 먼, 전혀 예상 밖의 길로 흘러간 일들이 있을 수 있었기 때문이다.

〈요한 복음서〉(19,25-27)는 나중에 성모님이 예수님의 십자가 아래 서 계셨다고 보도한다. 그것은 예수님께서 공적으로 곳곳을 다니시던 시기에도 늘 예수님 곁에 가까이 머물러 계셨던 것처럼, 그분께서 가장 피상적으로 곤궁에 처하신 상황에서도, 예컨대 모든 것이 무너져 버렸고 또 계속해서 무너져 버리는 순간, 자신의 제자들마저 떠나 버린 상황에서도 성모님은 그분 곁에 머물러 계셨음을 말해 준다. 그 순간은 신앙의 측면에서 가장 힘든 순간이었을 것이다. 따라서 끝까지 자신을 신뢰하며 곁을 지키는 어머니의 사랑이라는 힘이 가장 절실한 순간이었을지 모른다. 그렇듯 잔인하고 무의미해 보이는 파국의 순간에도 성모님은 조용한 신뢰 속에 저 끔찍한 사태를 받아들여야만 함을, 그래서 바로 그 사태와 더불어 우리와 화해하시고 우리를 구원하시는 하느님께서 당신 자신을 계시하신다는 사실을 마음에 새기셔야만 했을 것이다.

우리가 〈사도행전〉(1,14)이 전하는 바에 따라 나중에 알게 되었듯이, 성모님은 예수님의 부활을 경험한 후 신앙을 새롭게 고취한 제자들과 함께하는 기도 모임에서 그 사실을 분명하게 이해하셨다. 그렇게 신앙 공동체가 탄

생했고 함께 믿으면서 기도하는 모임이 활성화되었다. 성모님도 거기에 함께 머무르셨다. 그러므로 이 시기에 성모님은 완전히 새롭게 믿음을 준비하는 교회, 신앙 공동체의 첫 번째이자 가장 사랑스러운 자매이셨다고 생각할 수 있다. 나아가 그러한 공동체 안에서 성모님의 경우와 마찬가지로 일종의 길고도 때로 험난하기만 한 신앙의 길이 완성되었다고 생각할 수 있다. 가끔 모호하게 여겨졌던 것들이 이제 명료해졌다. 그처럼 길고 험난한 신앙의 길목에 예수님을 통해 다가오는 구원의 빛이 비쳤기 때문이다.

《성경》에서 몇 안 되는 짧은 보도를 통해 성모님에 관하여 전해 듣지만, 그것만 봐도 능히 그분은 우리에게 믿음의 자매 같으신 분이다. 성모님은 우리의 신앙이 언젠가 처음에 가졌던 천진난만한 모습에서 벗어나는 순간 이제부턴 우리의 길을 성실히 걸어 나가야 한다고 가르치신다. 신앙의 길을 걸어 나갈 때 자주 거칠고 힘겨운 것들과 부딪힐 수 있기 때문이다. 그럴 때마다 매번 약간

주춤거리게 되는 우리의 신앙을 때로는 말로 채워 넣고 싶은 유혹이 있을 수도 있다.

그리하여 그러한 일이 벌어진다면, (그리고 그러한 일이 벌어지지 않더라도) 당장 성모님은 우리를 위로하시면서 동시에 이렇게 충고하실 것이다.

두려워하지 말고, 인내심을 길러 마음을 단단히 여미어라! 때때로 해결할 수 없는 문제를 안고서도 살아가는 법을 배우며 묵묵히 신뢰하는 가운데 당장 난해하게 여겨지는 것들도 너희의 마음속에 품을 수 있는 방법을 터득하라! 신앙의 사태에는 결코 완전무결하게 해소되는 경우가 없음을 알아듣도록 힘써라! 나아가 너희가 이러한 깨달음에 도달했다고 생각할 즈음에 때때로 또다시 모든 것이 혼란스럽게 무너져 버리는 날이 올 수 있다는 사실도 명심하라! 그러나 그럼에도 너희 마음을 다잡아 충실하게 머물러라!

성모님처럼 인내심을 갖고 믿음을 고수하고 때로는 내

적으로 또 때로는 외적으로 다가오는 여러 가지 어려움 앞에서 꾸준히 신뢰하는 마음으로 참고 견디는 이에게는 기어코 어둠이 걷히고, 어쩌면 완전히 침묵만이 흐르는 가운데 신앙을 끝까지 지켜 낸 사람들로 이뤄진 훨씬 더 큰 공동체와 함께 나아갈 수 있는 순간이 찾아올 것이요, 그와 같이 훨씬 더 성숙한 신앙으로 살아가는 때가 주어질 것이다. 그렇게 성모님에게 일어났던 그러한 은총의 시기가 그에게도 열릴 것이다.

성모님은 우리의 신앙을 지지하는 으뜸가는 자매로서 우리가 저마다의 신앙으로 제 길을 걸어 나가야 하는 길목에서 더없이 소중한 동반자라고 말할 수 있다.

4장

고통의 칼날

루카 복음사가는 아기 예수님을 성전에 봉헌하는 장면에 관하여 보도한다. 그 보도에 따르면, 마침 성전에서 하느님을 두려워하는 의롭고 독실한 시메온 예언자를 만나는데, 그는 아기와 성모님을 축복하고 나서 말하였다.

"보십시오. 이 아기는 이스라엘에서 많은 사람을 쓰러지게도 하고 일어나게도 하며, 또 반대를 받는 표징이 되도록 정해졌습니다. 그리하여 당신의 영혼이 칼에 꿰찔리는 가운데, 많은 사람의 마음속 생각이 드러날 것입

니다."(루카 2,34-35)

이 예언은 예수님께서 나중에 맞게 될 운명에 대해 미리 일러 준다. 예수님께서는 많은 이들의 저항에 부딪히고 적대시될 것이다. 사람들의 마음이 그분을 놓고서 갈라서게 될 것이다. 사람들은 그분을 상대로 소송을 걸고 심판할 것이요, 결국 그분은 참혹하게 죽임을 당할 것이다. 예수님의 이러한 운명은 당신의 어머니가 함께 고통받을 수밖에 없음을 말해 준다.

요한 복음서에서 우리는 예수님의 어머니가 십자가 아래 서 계신 모습을 목격한다. 부당하게 죽어 가는 아드님을 지켜봐야 하는 순간 어머니의 고통은 극도에 달한다. 일찍이 아기 예수님을 성전에 봉헌하실 때 시메온 예언자가 예언한 대로 날카로운 칼에 꿰찔리는 아픔이다.

십자가 아래 서 계신 모습이나 싸늘한 주검이 된 아드님을 품에 안으신 모습이나 중세 후반에 대중들의 마음을 사로잡았던 그에 관한 기념적인 형상에는 심장 가까이 하나의 칼을 손에 들거나 심지어 일곱 개의 칼을 손에 든 성모님의 모습이 그려져 있다. 그것은 세상의 모든 어머니가 겪는 고통, 아니 더 나아가 온갖 형태의 고통으로 신음하는 모든 사람들을 연상시키는 표상으로 간주되어 왔다. 이러한 형상을 바라보면서 남녀노소 할 것 없이 많은 이들이 자신을 되돌아보는 기회를 가졌고, 그러는 동안 놀랍게도 자신의 고통이 어느덧 사라질 수 있었고 위로받을 수 있었다.

거의 초인적인 재능을 발휘한 위대한 예술가 미켈란젤로는 이 주제에 대해 여러 번 숙고하면서 작품을 구상했다. 로마 성 베드로 성당 안에 세워진 그의 '피에타상'은 너무나 잘 알려져 있다. 그러나 그보다 더 위대하며 신비스럽기까지 하여 훨씬 더 큰 감동을 주는 작품은 미켈란젤로가 밀라노에서 느지막이 활동하던 중에 론다니니 궁 안에 세웠다고 하는 피에타상*일 것이다. 이 석상을 보고

---

* 론다니니 피에타, 미켈란젤로가 만년晩年에 작업에 착수한 약 2m 크기의 조각상. 그가 죽기 직전까지 몰두했음에도 완성하지 못한 작품이다.

있으면 비통한 모습의 성모님이 싸늘해진 아드님의 주검을 불안정한 자세로 들어 올리는 모습이지만, 어떤 이들은 수직으로 이어진 하나의 선線처럼 빈틈없이 성모님과 그분의 아드님이 똑같은 고통으로 서로 한 몸을 이루고 있다는 느낌을 받고 감동에 젖기도 한다. 이 미완성의 작품에서 모든 어머니의 고통과 같은 무언가가, 나아가 인류의 고통에 관하여 좀처럼 답할 수 없는 수많은 물음들과 같은 무언가가 아무리 억누르려 해도 자신도 모르게 새어 나오는 신음 소리처럼 입에서 흘러나온다. 그래서 어떤 이들은 그 조각상을 보고서 예수님과 성모님, 이 두 분이 겪는 고통의 엄청난 무게와 서로 다르면서도 같은 경이로움이 우리를 완전히 압도하는 위대함에 대해 이야기하기도 한다.

그럼에도 어떤 이들에게는 오직 예수님 어머니의 형상만이, 그것도 유일무이하면서도 사뭇 왜소한 여인의 형상만이 눈에 들어올 수 있다. 그러나 대부분의 사람들은 이 론다니니 피에타 조각상이 한 여인이자 어머니로서 갖는 고통의 깊이와 숭고함에 대해 매우 특별하게 울림을 준다고 말한다. 그것은 진정 아주 특별한 의미의 원형적原型的인 형상이라 여겨도 손색이 없을 것이다. 그래서 [비록 십자가는 없고 두 분만이 고통을 띠안고 서 있는 조각상이지만] 사람들은 이 형상이 어쩌면 십자가 곁이나 그 아래에 서 있는 것을 보고 싶어 했을지도 모른다. 그래서 그 조각상 앞에서 많은 이들이, 아니 어쩌면 모든 이들이 십자가와 더불어 저마다 겪게 되는 고통을 말 없이 반영하는 인상적인 표상처럼 기이하고도 규명할 수 없는 방식으로 기억하고 싶었듯이 말이다.

사람들은 왜 이처럼 고통의 상징이 되어 버린 십자가가 그토록 위대한 의미를 띠고 우리에게 다가오는지 물어볼 만하다. 그래서 다음과 같은 답변도 지나친 것은 아닐 것이다. 고통이란 어찌 되었건 누구나 몸소 겪으며 헤쳐 나가야 할 것이란 점에서 모든 인간의 문제이기 때문이라고 말이다. 모든 사람은 자신들이 행복하기 위해 태어났다는 의식을 자연스레 지니고 있는 것처럼 보인다. 그럼에도 또 다른 한편 자신에게 다가오는 고통을 완벽하게 피할 수 없다는 사실과 저마다 각자에게 주어지는 고통을 짊어져야 한다는 사실을 공공연하게 의식하거나 마지못하지만 받아들이고 있다. 그래서 아무리 준비되어 있다 하더라도, 예기치 못한 일순간에 고통이 자신에게 들이닥쳤을 때 그로 인해 고통이라는 불행과 동시에 고통의 의미에 대해서도 묻게 될 것이요, 그렇게 끝없는 질문들이 자신도 모르게 샘솟듯 제기될 것이다. 그런 점에서 아마도 고통은 인간의 가장 심오하고 가장 인격적인 사태일 수 있다. 왜냐하면 고통은 인간에게 원하는 만큼의 행복을 온전히 채울 수 없다는 공허함(욕망)을 폭로하는 형태로 비정하게 다가오기 때문이다.

한편 남자들의 고통과 여자들의 고통은 서로 다르다. 특히 여자들은 여성적인 감수성을 가지고 있으며 남성보다 더 헌신적으로 행동함에 따라 그만큼 더 쉽게 상처받는 성향이 강하다. 또한 어머니로서 특별한 모성을 가지고 있고 감정이 예민하기 때문에 더 뚜렷하게 아픔을 느낀다. 그러므로 예수님의 어머니는 그처럼 자신의 심장이 날카로운 칼에 꿰찔리는 아픔을 겪으시는 동안 고통을 겪는 인간의 대표적인 표상이 되신다.

그런 차원에서 성모님이 새겨진 조각상 앞에서 인간이 겪는 고통을 묵상해 보자. 가장 먼저 기본적으로 우리의 육체적인 고통을 생각해 보자. 수많은 사람들이, 다양한 형태의 질병과 부상으로 인해 그리고 특히 죽을 수밖에 없는 두려운 처지로 인해 육체적인 고통을 겪고 있다. 그런 다음 여러 형태의 심적인 고통도 묵상해 보자. 보잘것없는 약자로서 느끼는 소외감, 스스로 좌절하여 불행에 빠져들어 느끼는 자괴감, 오해 때문에 생기는 안타까움부터 부당하게 대우받거나 심지어 정신적인 억압과 수모를 당하면서도 누군가에게 하소연할 수조차 없는 고통이란 것도 존재한다. 그래서 어떤 이들은 불행한 삶에서 벗어날 수 없다고 절망하기도 하며, 어쩌면 자신은 불행한 삶에 곤두박질치는 운명이라고 낙담하는 경우도 많을 것이다. 이때 특별히 사람들이 다른 사람을 위해 고통을 겪는 경우, 그러니까 연인을 위해 사랑하는 이가 겪는 고통에 대해서 묵상해 보자. 어머니가 남편과 아이들을 위해 견뎌 내는 고통이나 친구들 사이에서 우정이나 신뢰에 금이 갔을 때 겪어야 하는 고통에 대해서도 묵상해 보자.

고통은 원초적으로 큰 위력을 지니며 다양한 형태와 다채로운 방식으로 다가온다. 고통은 무시할 수 없는 그림자처럼 사람들을 따라 다닌다. 그래서 피할 수 없는 데다가 계속 짓누르며 절망에 빠트리기도 하지만, 의외의 방식으로 사람을 고양시키기도 하며 훨씬 더 진지하게 삶을 되돌아보도록 이끌기도 한다.

고통은 보통 규칙적으로 자신에 대해 물음을 제기하도록 만든다. 고통으로 자지러진 사람은 "왜 내가 고통을 받아야 하나?" 하고 묻기 마련이다. 이 같은 물음들에는 종종 원망과 비난도 담겨 있다. 그와 같은 물음들은 누구를 향해 있을까?《성경》에는, 특히 〈구약 성경〉에는 종종 "왜"라는 물음의 형식이 강조되면서 거의 대부분 하느님을 향해 있다. 그런 가운데 고통을 겪는 이들의 물음이 처음에는 아무런 답변을 얻지 못한다. 이 같은 상황은 그들을 더욱더 고통스럽게 만든다. 〈구약 성경〉에서 욥도 자신이 받는 고통의 이유를 물었지만, 원하는 답변을 듣지 못했다. 그의 물음은 오히려 그를 침묵으로 이끌었다. 이러한 침묵을 배우는 것 자체도 제법 길고도 험난한 과정일 수 있다. 그 침묵은 한동안 반항심으로 가득 채워질 수도 있다. 그것을 사람들은 이해해야만 한다. 그러나 결국에는 그 침묵의 시간이 차츰 인내와 준비의 시간으로 바뀌게 될 것이다. 〈욥기〉가 마무리될 즈음에 우리에게 보여 주는 바와 같이, 고통의 끝은 온통 하느님께 찬양하는 기도로 채워지지 않을 수 있을까? 그와 같이 깊은 침묵 중에는 고통으로 쓰러지는 중에도 악착같이 부여잡고 몸부림쳤던 적개심은 사라지고 누군가를 원망하고 비난하던 말도 더 이상 입에 올리지 않은 채 진심으로 눈물을 흘리는 은총 또한 주어질 수 있다. 그의 물음은 비록 여전히 아무런 답변을 얻지 못하였지만, 그럼에도 알 수 없는 놀라운 방식으로 모두 해소된다.

자신의 심장을 날카로운 칼로 꿰찔리신 성모님은 우리에게 무슨 말을 건네실까? 싸늘해진 아드님의 주검을 끌어안고 단장지애斷腸之哀의 고통으로 슬퍼하시는 성모님을 새긴 저 '피에타상'은 과연 우리를 어디로 이끌까?

이 조각상도 오늘날 고통받는 이에게 결코 속 시원한 답변을 주지 않는다. 하지만 몇 마디 말이 귓전을 때리듯 아른거릴 것이다. 예를 들자면 이런 것이다.

예수 그리스도를 추종하며, 그분 가까이 머무르고자 하는 사람은 고통 중에도 그분을 뒤따라야 한다.

그분의 어머니도 그래야만 했다. 그러니 그대도 그대가 지닌 잣대로 그것을 가늠해야 할 것이다. 동이 트는 아침, 눈부신 햇살이 길게 드리워진 무덤을 향해 나아가는 길은 곧 부활의 신비로운 빛을 향해 나아가는 길이요, 그 길은 반드시 그리고 이번에도 어김없이 성금요일의 어둠을 관통해야 한다.

그와 같은 일이 앞서 예수님에게서 이뤄졌으며, 또한 그분의 어머니에게서도 이루어졌으니, 이제 그분 가까이서 살아가는 모든 이에게도 그와 같은 일이 이루어지지 않겠는가!

이 같은 말은 다소 냉소적이고도 준엄하게 들리지만, 확실히 격려의 말이요, 그 준엄함 속에는 기어코 실현하겠다는 의지가 물씬 배어 있다. 그래서 그것은 수난과 죽음을 아버지의 뜻을 따라 감수하신 아드님을 마침내 부활시키신 하느님의 약속과 직결되어 있다.

성부의 뜻을 따르는 아드님 때문에 날카로운 칼로 꿰찔리는 아픔을 견디셔야 했던 성모님이 지금 당장 고통받는 이에게 말을 건네신다.

그대는 혼자가 아니다. 다른 많은 이들이 앞서 고난의 길을 걸었으니, 그들이 그대와 함께 아파할 것이다.

고통받는 이들의 공동체가 존재하며 연민의 정이란 것이 존재한다. 나아가 단지 인간적인 연민만 존재하는 것은 아니고, 신적인 연민 또한 존재한다. 만일 당신이 혹여 사람들 곁을 떠나고 하느님 곁을 떠나게 되더라도, 하느님께서는 고통 중에 있는 당신 가까이서 당신의 고통과 함께할 것이다. 비통함으로 가득 찬 심장과 같이 성모님이 품으신 연민의 정은 여느 어머니가 자기 자식에게 품은 연민의 정 못지않게 강력하고 섬세할 것이다. 성모님은 인간적이면서 동시에 그보다 훨씬 더 [하느님의 어머니로서] 신적인 연민의 정으로 우리에게 위로를 주실 것이다. 그러므로 무엇보다도 성모님의 모습은 모든 여인들의 심정 그리고 고통받는 모든 사람들의 심정을 이해하고 위로하는 데에 더없이 귀한 모범이 된다. 이미 예수님은 물론 성모님과 함께 고통을 받겠다고 준비하는 사람들에게는 약속과 희망 같은 것이 존재한다. 고통의 밤은 분명 우리가 직접 헤쳐 나가야 할 관문이다. 그러나 이미 부활절 이른 아침부터 동이 트듯 하느님의 날이 밝아 오기 시작했다. 그래서 그분을 통해 그분과 함께 아직

까지 그 누구도 경험한 적이 없는 놀랍고도 감격스러운 평화가 우리를 찾아올 것이다.

고통받는 거룩한 어머니의 조각상도 우리에게 말을 건넬 것이다.

연민의 정을 품어라!

이 충고는 모든 사람, 그러니까 고통받는 모든 이들과 어느덧 고통에서 자유로워졌다고 스스로 믿으며 참아 내는 이들 모두에게도 해당된다.

고통받는 중에도 그리고 행복한 상태에도 이기주의적인 행동으로 삶을 그르치지 마라! 그대의 입장에서 고통받는 이들의 고통을 직시하는 것을 잊지 마라! 이 드넓은 세상에서 괴로움으로 지쳐 가는 인류의 고통을 잊지 마라! 자신의 아이를 잃고 비통해하는 어머니들을 잊지 마라! 언제든 지치지 않고 따뜻하게 도움을 베풀려는 연민의 정을 품어라! 만일 그대가 몸소 고통을 받게 되거든, 그렇게 고통받는 다른 이들 또한 기억하라! 그대만이 겪는 고통이 그대를 이웃과 단절시키지 않도록 주의하라! 차라리 그 고통이 그대의 마음을 열어 사랑스럽게 연민의 정을 베푸는 사람으로 성장시키도록 이끌어라! 만일 그대가 고통스럽다면, 고통받는 다른 사람들을 찾아가서 그들의 상처를 치유하는 데에 도움을 주려고 힘써라! 진심으로 경청하고, 제때에 따뜻하게 말을 걸며, 사랑의 유대를 맺는 방식으로 진정한 도움을 베풀기 위해 상처 입은 사람들에게 다가가도록 하여라! 이 같은 도움이 가능한 곳에선 지체 없이 사랑으로 도움을 주어라! 몇 겹의 고통과 슬픔으로 그늘진 이 세상에서 그대가 축복이 되도록 노력하라! 만일 그대가 그러한 상태에 이르게 된다면, 그 축복이 그대에게도 되돌아오는 것을 경험하게 될 것이다. 그 축복이 물론 그대의 고통을 아예 없었던 것처럼 만들지는 못할 것이다. 그러나 고통을 뒤덮어 무기력하게 해 줌으로써 고통은 사라지고 다만 상처 입었던 흔적만 남게 될 것이다.

그와 같이 성모님은 심장이 날카로운 칼로 꿰찔리는 고통과 함께 싸늘한 주검이 되어 버린 자신의 아드님을 품에 안으시고서 우리에게 말을 건네신다. 성모님은 어두운 이 세상을 위한 축복의 표징이시며, 그분의 아드님께서 열어 놓으신 희망의 든든한 보증인이시다. 이 같은 희망이 없었다면 우리는 어찌 되었을까?

원죄 없이 잉태되신 여인

예수님의 어머니, 마리아란 호칭과 이렇듯 잘 알려진 이름 아래서 **원죄 없이 잉태되신** 혹은 중세 시대 대중에게 익숙한 라틴어로 **임마꿀라따**(무염시태, 無染始胎)란 호칭에는 특별히 주목할 만한 점이 있다. 먼저 이와 관련된 성경 구절을 발견하기는 어렵다. 이 호칭은 교회의 역사 안에서 성모님에 대한 신심과 존경 어린 마음에서 우러난 것이다. 고대 후기의 그리스어를 사용하는 지역에서 **성모님이 원죄 없이 잉태되셨다는** 사상을 처음 발견하게 되는데, 그 이후로 유럽 사회로 확산되었다. 무엇보다도 17세기, 곧 바로크 시대에 대중적으로 널리 알려진 한 회화繪畫에 이 사상이 나타난다. 그래서 우리는 여러 도시와 시골에 있는 바로크 시대의 성당 안에서 원죄 없이 잉태되신 성모님의 초상肖像을 보게 된다. 임마꿀라따를 묘사한 가장 유명한 그림은 무리요*가 그린 것인데, 이 그림은 르네상스 유럽 교회 안에 큰 영향을 미쳤다. 19세기 초, 정확히는 1854년에 이 그림과 관련된 성모님의 교의가 확정되었다. 그로써 원죄 없이 잉태되신 성모님에 관한 그림은 경건한 신앙을 대변하는 신심의 역사에 활짝 핀 꽃처럼 교회 안에 공식적인 보물처럼 장식되었다.

무염시태 사상은 우리에게 무엇을 말하려는 것일까? 더욱이 그와 같은 그림이 오늘날 우리에게 무엇을 일러 줄 수 있을까? 우리는 그 어떤 인간도 완전히 순수하고 완전히 죄에 물들지 않는 경우는 없다는 것을 너무나 많이, 너무나 분명하게 경험하고 있지 않은가? 심리학자 프

---

* 바르톨로메 에스테반 무리요(B. E. Murillo, 1617~1682년), 종교적 주제를 우아하면서도 경건하게 화폭에 담은 스페인 출신의 화가다.

로이트*와 인간의 마음을 이루는 근본적인 토대에 관한 그의 정신분석에 근거하여 인간이 순진무구하다는 주장을 더는 신뢰하지 못하고 있지 않은가? 또한 이미 아우슈비츠, 캄보디아 그리고 그와 유사한 비극적인 사건들을 유감스럽게도 적잖이 알고 있는데도, 한 인간을 기념하자고 그렇듯 지나치게 무리한 표현을 사용할 수 있는 것일까? 그렇다면 순진무구한 인간, 성모님이 원죄 없이 태어나셨다는 표현은 우리에게 너무나 비현실적이고 환상적인 억지로 비친다고 봐야 하지 않을까? 교회가 우리의 의심을 무마시키고자 일종의 강요로 혹은 어떤 치명적인 약점이 있음에도 믿어야 할 교리로 받아들여야 한다고 역설한다면, 그 호칭을 두고 누군들 의심하지 않겠는가? 만일 우리가 인간에게 적용하기 위해서 순진무구하다는 용어를 활용하려면 [차라리] 완전히 피가 말라 버린, 그러니까 매우 창백한 모습의 인간상이 머리에 떠오르지는

---

* 지그문트 프로이트(S. Feud, 1856~1939년), 체코에서 태어나 오스트리아 국적을 가지고 활동한 정신병리학자로서 정신분석의 길을 닦은 창시자로 평가되는 인물이다.

않을까? 그렇다면 저 원죄 없이 잉태되신 여인이자 예수님의 어머니인 마리아에 관한 언어적 혹은 회화적 표현이 우리에게 무엇을 말하려는 것일까?

이때 순수성이나 순진무구함과 같은 언어적 표현이 지닌 어떤 단점을 말하려는 것이 아니라 오히려 장점을 말하려 한다는 사실을 고려하면 좋겠다. 다시 말해 그 용어는 본시 살아 움직이는 능력에 결함이 없고, 오히려 눈에 띄게 충만한 생명력을 발휘하며 새롭고 명료한 사고에도 능할 뿐더러 순박하고 성실하게 행동함으로써 좋은 결실을 맺을 수 있는 인격체를 지칭할 때 사용된다. 그래서 근본적으로 충분히 자유로운 삶을 영위하면서 나아가 남녀가 정분을 나누는, 곧 성적인 결합을 중요시하는 관점에서 보더라도 결코 소극적인 차원에서 사용되는 용어가 아니다. 오히려 그런 측면에서도 자신의 능력을 발휘하는 목적이라든지 그에 수반되는 감정이라든지 아니면 그 방식에 있어 정직하다는 점을 내포한다. 성적인 능력을 발휘할 때의 정직함이란 물론 때로는 금욕禁慾으로도 이

어질 수 있다. 그렇게 이해할 수 있는 정직함에는 강인하고 명료한 사고, 감정, 언사 및 행동의 원천이 되는 굳세고 명료한 영혼의 마음가짐이 속한다. **순수성**에 대한 이와 같은 의미는 우리의 사적인 생활 영역만이 아니라 국가나 사회 안에서 누리는 공적인 생활 영역에도 한결같이 적용된다. 그러므로 성모님이 원죄 없이 잉태되셨다는 표현은 인생의 모든 측면에 있어 명료하고 충만한 삶을 영위하실 만큼 영광스럽고 때로는 매력적이신 분임을 가리킨다.

지금까지 살아오면서 우리는 그 규모가 작든 크든 인간 사회 안에서 그처럼 완전히 순수한 의미를 따라서 이해되는 인간이란 존재하지 않는다는 사실을 너무나 잘 알고 있다. 우리의 눈이 어디로 향하든지 우리 주변에 있는 모든 것이 죄로 얼룩져 있는 것으로 비친다. 그럼에도 또 다른 입장에서 우리 안에는 종종 깊숙이 감춰져 있는 마음, 그러니까 완전하고 순수한 삶의 영광스러운 모습에 대한 그리움이 남아 있다. 우리의 마음속 깊은 곳에는 이 세상을 살아가면서 언제고 우리가 이루었으면 하는 그런 순수한 삶에 대한 동경이 자리한다. 그러므로 우리는 그토록 자주 부조리하고 부패한 삶 속에서도 기꺼이 고통을 견뎌 내려고 한다. 우리는 어떻게 해서라도 세상이라고 하는 이 텃밭에서 언젠가 더럽혀지지 않은 고귀한 진주를 발견하고 싶어 하는 것이다. 물론 그 여정은 애타는 그리움을 보듬고서 절박한 심정으로 찾아 나서는 여정이어야 한다. 그것이 애타고 절박한 까닭은, 그러한 그리움과 찾고자 하는 심정이 우리 안에 항상 꺼지지 않고 불타올라 때가 되면 반복하여 우리를 고무시키면서도 완전히 멈추지 않는다는 사실에 있다. 비록 그토록 온갖 부패와 혼란스러움, 나아가 수많은 불의한 것들이 안팎으로 우리를 방해한다고 하더라도 말이다.

이처럼 애타는 그리움은 확실히 순수하고 때 묻지 않은 예수님의 어머니에 대한 생각과 그분에 대한 초상과 깊이 연관되어 있다. 그러므로 이러한 생각과 초상은 이른 시기든 나중이든 우리의 역사 안에서 한 번쯤 사람들의 머리 위로 반짝이는 별처럼 성모님을 우러러볼 수밖에 없도록 하였다. 확실히 말하건대, 이 같은 생각과 초상은 먼저 아드님을 통해 우리를 선처하신 하느님의 약속을 상기시키는 표징이 된다.

"보라, 내가 새 일을 하려 한다."(이사 43,19)

한편 그것은 동시에 인간이 마음속 깊이 간직한 동경의 표징이기도 하다.

성모님에 관하여 우리는 교회라는 제한된 장소 안에서 생각하며 기념한다. 오래도록 어둡게 드리운 그림자, 곧 인간의 역사를 관통해 있는, 우리가 원죄原罪라고 일컫는 그 그림자가 성모님에게는 있을 수 없다는 믿음을 가지고서 말이다. 왜냐하면 성모님은 하느님의 특별한 은총으로, 곧 유일무이하게 그분의 태중에 성자聖子께서 들어오신 것처럼 애초에 완전히 순수하고 흠 없는 인간으로 태어나셨다고 믿기 때문이다. 그리하여 성모님에 관한 초상들 안에는 그분이 순수하고 죄가 없음을 알아볼 수 있도록 묘사되어 왔다. 그렇게 성모님의 모습은 완전히 죄에서 해방된 인간상을 상징하기도 한다.

그와 같은 외적인 모습은 우리에게 결코 가벼운 의미가 아니며 모름지기 현대 사회에도 의미심장한 무언가를 전해 줄 수 있다. 왜냐하면 우리는 이 세상에서 그 어떤 불순한 싸움에 휘말릴 수 있는 위험에 항상 노출되어 있어 이를 경계하도록 도와주는 표징이 필요하기 때문이다. 그처럼 눈에 띄고 의미심장하게 다가오는 원죄 없이 태어나신 성모님에 관한 초상은 일종의 표징처럼 우리에게 새로운 각오를 다지도록 힘을 실어 줄 수 있다.

그리하여 원죄 없이 잉태되신 성모님의 초상은 우리에게 이렇게 말을 건넨다.

순수한 삶의 흠 없는 영광은 선물이다. 그 영광은 사람들이 단순히 계획하고 이룰 수 있는 것이 아니다. 그 영광은 예수님에 의해 마련되었기에, 그분과 그분의 말씀에 자신의 마음을 여는 모든 이들을 위해 약속된 구원을 의미한다는 점에서 일종의 선물이다. 순수하고 죄에 물들지 않은 삶의 영광과 충만함은 예수님의 말씀을 받아들여 하느님 나라를 추구하며, 그런 신앙 안에서 예수님을 추종하는 데에 거리낄 것이 없는 이들을 위한 선물이요, 약속이다.

하느님께 자신을 봉헌하고 자신의 부족함과 그래서 결코 완전히 순수할 수 없는 마음을 전적으로 예수님의 이름에 의지하여 하느님 아버지께 내맡김으로써 지나치게 자신에게 몰입하지 않으면서 자신을 살피는 이라면, 누구나 이 불순한 세상 한가운데에서도 순수하고 충만한 삶의 영광에 준하는 선물을 가장 앞서 받을 수 있을 것이다.

자신을 봉헌하고서 믿음과 충직한 심정으로 예수님의 영靈 안에서 순수함에 대한 우려나 의심을 품지 않으며 자신의 이웃들에게 봉사하고, 가난한 이들에게 유익한 말씀을 전하면서 모름지기 작게나마 그때마다 기쁜 소식을 가져다주는 행동을 하는 이라면, 또한 상처를 받아 마음 아파하는 이들에게 어떻게든 치유와 위로를 베풀고자 애쓰는 이라면 해방된 삶의 흠 없는 영광에 준하는 선물을 받게 될 것이요, 그와 같은 영광은 우리가 성모님 안에서 확인할 수 있는 바와 같다.

비록 죄에 물들지 않은 순수한 삶이 곧 [하느님에게서 주어지는] 선물이라 하더라도, 당연히 우리는 이 같은 선물을 선물답게 보전保全하는 과정에 관여할 수 있다. 다시 말해, 인간적인 방식으로 그 선물을 보존하고 확장시키기 위하여 아예 그 자신도 일부 개입할 수 없거나 관여할 수 없음을 뜻하진 않는다는 말이다. 특별한 방식으로 온전히 그와 같은 영광스러운 삶을 선사받으신 성모님 또한 적지 않은 부분에 개입하시어 자신의 입장을 취하셨고 또 인간적인 노력을 다하시며 인간적인 심정으로 함께하셨다. 그것은 우리의 경우도 마찬가지일 것이다. 비록 은총에 따른 영광스러운 삶이 곧 선물이라 하더라도, 그 선물로서 살아가는 삶이란 과연 그것을 받아 누린다는 사실에만 의지하여 그저 나태하게 살아도 좋다는 뜻은 아니다.

만일 순수한 삶 속에 하느님의 은총과 인간적인 활기 그리고 충직한 마음이 합쳐져서 하나가 된다면, 순수한 삶이라고 하는 선물은 너욱더 아름답고 경이롭게 빛날 것이다.

그리고 만일 그것이 어둠 속을 비추고 또 이 세상에 부패한 것들과 고통스러운 것들도 환하게 밝힐 수 있게 된다면, 그 영광은 정녕 기적처럼 빛을 발할 것이다. 그러니까 일찍이 성모님이 예수님의 십자가 아래 서 계셨을 때 성모님을 비추던 빛과 같이 말이다.

그러므로 우리도 저 원죄 없이 태어나신 여인에게 눈을 떼지 않으면서 요한 세례자가 그랬던 것처럼, 그 빛을 증언해야 마땅할 것이다. 그리하여 우리가 다른 사람들에게 최선을 다해 빛이 되어 줄 수 있다면, 그만큼 그 빛은 우리를 위해서도 더 확고하게 증언해 줄 것이요, 우리의 마음을 훨씬 더 밝고 더 기쁘게 이끌어 줄 것이다.

바로 그와 같은 삶을 살기 위해 원죄 없이 태어나시어 충만한 은총으로 구원의 삶을 사신 성모님은 우리의 모범이시며 든든한 후원자시다. 그분은 믿으셨고 예수님과 함께 나아가셨으며 자신을 돌보지 않고 십자가에 이르기까지 동행하셨기에, 부활이라는 신비 가득한 사건이 벌어진 날을 함께 맞이하셨을 뿐만 아니라 성령의 불꽃이 쏟아져 내린 그날까지 줄곧 함께하셨다. 인간으로서는 더 이상 처참할 수 없을 정도로 고통스러웠던 저 십자가 아래서는 성모님이 아무것도 선물로 받은 것이 없어 보이지만, 그분은 칠흑보다 더 어두운 절망스러운 순간을 참고 견뎌 내셨기에, 매우 색다르고 보다 더 숭고한 방식으로 모든 것이 선물로 주어졌다. 그리고 그분에게 (그분의 삶 가운데 가장 암담한 순간에 최고 절정을 이루는) 은총의 빛이 환하게 비추었다.

우리도 성모님을 원죄 없이 잉태되신 어머니로 공경하기 시작하면서 그분의 초상에서 다음과 같은 구원과 위로의 약속에 버금가는 격려를 받으며 실제 놀라운 능력을 얻어 누리게 되었다.

그대 또한 구원받았다!

그대도 흠 없는 영광에 참여할 수 있는 은총을, 〈요한 묵시록〉이 전하듯 '열두 진주와 온갖 보석들로 단장한 새로운 도성'(묵시 21,9-27 참조)에 들어갈 수 있는 영광을 함께 받아 누리리라! 그대는 그런 은총과 영광에 참여하는 기쁨을 지금 누려도 좋으니, 그것은 그 영광이 이 세상의 어둠 속에서 이미 시작되었기 때문이다.

이 같은 의미에서 성모님은 우리에게 원죄 없이 태어나신 분, 임마꿀라따이시며, 오늘날에도 틀림없이 의미심장한 표상이라고 고백할 수 있을 것이다.

큰 뱀(용)을 짓밟고 서 계신 여인

하늘에 큰 표징이 나타났습니다. 태양을 입고 발밑에 달을 두고 머리에 열두 개의 별로 된 관을 쓴 여인이 나타난 것입니다. 그 여인은 아기를 배고 있었는데, 해산의 진통과 괴로움으로 울부짖고 있었습니다.

또 다른 표징이 하늘에 나타났습니다. 크고 붉은 용인데, 머리가 일곱이고 뿔이 열이었으며 일곱 머리에는 모두 작은 관을 쓰고 있었습니다. 용의 꼬리가 하늘의 별 삼분의 일을 휩쓸어 땅으로 내던졌습니다. 그 용은 여인이 해산하기만 하면 아이를 삼켜 버리려고, 이제 막

해산하려는 그 여인 앞에 지켜 서 있었습니다. 이윽고 여인이 아들을 낳았습니다. 그 사내아이는 쇠지팡이로 모든 민족들을 다스릴 분입니다. 그런데 그 여인의 아이가 하느님께로, 그분의 어좌로 들어 올려졌습니다(묵시 12,1-5).

임마꿀라따의 초상에서 목격할 수 있듯이 앞에 인용한 성경 구절에서 우리는 성모님이 큰 뱀(용)을 발로 짓밟고 서 계신 모습을 보게 된다. 그 큰 뱀은 땅을 온통 뒤덮고 있는데, 성모님은 그 큰 뱀의 머리를 짓밟으심으로써 거뜬하게 승리하셨음을 알 수 있다.

이 모습은 《성경》에서 우리가 읽을 수 있듯이 앞서 예언된 여러 말씀들과 일맥상통한 이미지다. 〈구약 성경〉의 첫 번째 기록인 〈창세기〉에는 첫 인간들이 죄를 범한 직후 하느님께서 뱀에게 이렇게 말씀하신다.

"나는 너와 그 여자 사이에,

네 후손과 그 여자의 후손 사이에
적개심을 일으키리니
여자의 후손은 너의 머리에 상처를 입히고
너는 그의 발꿈치에 상처를 입히리라."(창세 3,15)

이는 **여인의 후손**, 곧 하와에서 이어지는 후대 사람들이 그의 원수처럼 죄악으로 인도하는 모든 악의 뿌리를 근절시키고 마침내 승리하게 될 것이란 뜻이다. 그 뱀은 그러니까 신화적인 형식을 좇아서 표현된 모든 악의 세력을 상징한다. 〈창세기〉에 소개된 이 말씀은 다양한 의미를 내포한다. 그리하여 저 **여인의 후손**을 두고 종종 성모님을 암시한다고 해석함으로써 뱀의 머리에 상처를 입히는 그 후손을 성모님에게서 태어나신 예수님으로 해석하기도 한다.

《성경》의 마지막 기록인 〈요한 묵시록〉에 따라 우리는 언젠가 큰 뱀 혹은 용을 다시 물리칠 여인이 나타나실 것이라고 이해할 수도 있다. 그 여인은 천상의 영광으로 아름답게 단장하셨는데, 곧 아이를 잉태하심으로써 어머니가 되실 분이다. 큰 뱀은 그 여인과 새로 태어날 아이를 상대로 싸우려 들겠지만, 그 여인과 아이가 반드시 큰 뱀을 무기력하게 만들어 승리하실 것이다. 이 같은 의미에서 교회는 성모님을 공식적으로 공경하며 기념해 왔다. 그와 동시에 박해받는 교회 역시 기념하면서 그 정신을 가슴에 새겨 왔다. 앞에서 상술한 바와 같이 우리는 〈창세기〉의 말씀을 통해서도 성모님에 관하여 예언된 바를 능히 알아들을 수 있다.

이같이 《성경》 안에 기록된 위대하고 괄목할 만한 모든 말씀들은 악의 뿌리를 뱀처럼 짓밟고 승리하시는 임마꿀라따 성모님의 모습을 우리가 연상하기에 부족함이 없었다. 그래서 지금까지 우리가 머무르는 교회 안에서 그와 관련된 적지 않은 기도문과 회화 및 조각상들을 발견할 수 있다.

우리는 그처럼 위대한 말씀들과 일맥상통하는 저 이미지가 우리에게 어떤 말을 건네는지 조용히 묵상할 필요가 있다. '그 이미지는 우리에게 무슨 의미를 일깨워 줄까?' 가장 먼저 성모님과 그분의 아드님에 관하여 살피자면, 두 분 모두 세상의 근본적인 악의 세력을 상징하는 큰 뱀과 맞서 싸우신다. 예수님께서는 지상에서 생활하시는 동안 악의 세력이 거세게 반대하여 고난을 겪으셨다. 악의 세력과의 갈등은 반드시 극복되어야만 했기에 무엇보다도 악의 세력을 무찌르고 승리하는 모습이 뚜렷하게 부각되어야 했을 것이다. 그러나 그에 앞서 예수님께서는 아의 세력들에게 심판받고 죽임을 당하신다. 성모님 또한 저들과 대치하며 생기는 긴장과 갈등을 피할 수 없으셨다. 그리하여 그 긴장과 갈등이 이끄는 어둡고 비통한 종착지에 이르기까지 견뎌 내셨고 마침내 승리를 거두셨다. 큰 뱀을 상대로 벌이는 위험한 사투死鬪처럼 근본적인 악의 세력과 싸우는 것은 예수님에게든 그분의 어머니에게든 생명의 법칙이요, 살아가는 명분이라고 말할 수 있다.

[우리가 〈요한 묵시록〉에 따라 상상할 수 있는 바와 같

이] 저 큰 뱀은 제힘을 과시하기라도 하듯 위협적으로 머리를 쳐들었다. 그 너머로 예수님의 머리가 죽음의 수렁으로 묵묵히 가라앉는다. 그리고 그 순간 고통의 칼날이 성모 마리아의 심장을 꿰찌른다.

하지만 결국에는 악의 세력이 맥없이 무너져 버릴 것이다. 큰 뱀의 최후 모습이 부활의 신비 앞에서 잠깐 비치겠지만, 이내 악의 세력은 예수님께서 하느님과 화해를 이루시어 이 땅에 약속하신 은총으로 인해서 흔적 없이 사라질 것이다. 세상을 구원하시는 하느님의 조용하지만 강력하고도 위풍당당한 광채가 태양처럼 솟구쳐 오를 것이요, 그 앞에서 저 큰 뱀은 힘없이 종말을 고할 것이다. 그처럼 모든 일이 예수님 곁에서 이루어졌으나 그분의 어머니이신 마리아에게도 그에 참여하는 몫이 주어진다. 왜냐하면 하느님의 구원 은총은 성모님의 몸에서 태어나신 예수님으로 인해 실현되는 것인 만큼, 저 큰 뱀과의 사투와 마침내 그 뱀을 무찌르고 거두시는 승리 또한 성모님과 함께 나누시게 될 승리이기 때문이다. 그러므로 우리 앞에 그려지는 성모님의 이미지는 큰 뱀의 머리를 짓밟고 서 계신 모습이다.

이러한 이미지는 우리의 현재 상황에도 큰 의미가 있으며 우리의 과제를 수행하는 데에도 훌륭한 본보기가 된다고 말할 수 있다.

큰 뱀을 물리치는 승리의 여인상은 단지 존경의 눈빛으로 멀찍이서 바라보는 의미만이 아니라 언제든 가까이 다가서게 하는 매력적인 요소도 지니고 있다. 왜냐하면 큰 뱀은 이 세상에서, 그러니까 우리가 머무르는 현대 사회에서도 작용하는 악의 세력을 신화적 화법으로 묘사한 상징이기 때문이다. 우리는 그러한 상징으로 인해 이 세상에서 어떻게든 자신의 힘을 과시하려는 악하고 무자비한 세력이 존재한다는 사실을 지각할 수 있다. 우리는 수시로 이 세상 이곳저곳에서 일어나는 전쟁과 소요騷擾 등 비극적인 사태들을 직접 목격하거나 속보로 전해 듣는다. 끔찍한 범죄 및 테러 행위도 계속 벌어지고 있다. 섬김보다 부림에 맛을 들인 권력자와 그를 추종하는 눈먼 자들이 국민을 억압하려고 호시탐탐 기회를 노린다. 그들은 교묘한 방식으로 무시무시한 속내를 감추고 듣기 좋은 말로 국민들을 속인다. 이 세상에는 항상 반복해서 기세등등한 모습으로 나타나 수많은 사람들에게서 매우 거칠게 그들의 권리를 빼앗는 불의不義가 여전히 존재한다. 저 큰 뱀이 오늘날 이 세상에도 생생하게 살아 있는 셈이다.

이 같은 상황에 우리는 속아 넘어가지 말아야 한다. 저 큰 뱀과 같은 악의 세력도 제 나름의 심장을 갖고서 살아간다는 사실을 잊지 말아야 한다. 우리는 이 점에서 다른 것들에만 주목하여 착각하는 경우가 없도록 해야 한다. 하찮은 짐승에게도 자기 집이 있고, 마음이란 것이 존재한다.

혼란스러운 욕망이나 때때로 무자비하게 행동하는 이 기주의적인 태도로 인해 어떤 것이 종종 눈치챌 겨를도 없이 우리를 갈라 세우며, 더 이상 좋은 마음에서 비롯하는 표현이나 행위들을 우리 사이에서 거의 찾아볼 수 없게 만든다. 그처럼 저 큰 뱀의 머리에 난 "뿔"(묵시 12,3; 13,1)을 제거하는 일이, 다시 말해 그 짐승에게 감춰져 있는 힘을 무기력하게 만드는 일이 매우 어렵다. 왜냐하면 그 짐승이 우리와 아주 가까이 서 있는 바람에 눈에 거의 띄지 않기 때문이다.

모든 인간, 특히 예수님을 뒤따르며 큰 뱀을 짓밟고 서 계신 그분의 어머니를 모범 삼아 살아가는 모든 이는 저 짐승과 능히 대적할 수 있을뿐더러 그와의 싸움을 잘 견뎌 낼 수 있다. 우리가 피할 수 없는 저 짐승과의 싸움은 당연히 매우 위험해서 때로는 극도의 암울한 상황으로 우리를 내몰 수도 있다. 예수님과 성모님이 겪으셨던 것처럼 말이다. 그러나 큰 뱀을 짓밟고 서 계신 여인상은 우리를 다음과 같이 고무시키기에 부족함이 없다.

피하지 말고 싸워라! 그대의 시간과 그대의 마음에 상처를 주는 저 악의 세력과 맞서라! 그대가 모쪼록 예상하며 준비해 온 이 암울한 시간을 견뎌 내라!

더 나아가 그 여인상은 단지 인내로써 견뎌 내는 것만

이 아니라 그 악의 세력과 과감히 맞서 싸우도록 고무시킨다.

겁내지 말고 그대가 뱀과 마주칠 때마다 그의 머리를 짓밟아라! 이 세상의 온갖 죄악과 거짓, 의롭지 못한 것들과 맞서 싸워라! 이 세상에서 다른 이들을 억압하는 모든 것들과 육체적으로 그리고 정신적으로 좀먹는 온갖 사악한 것들을 피하지 말고 대적하라! 보다 더 나은 세상을 위해, 훨씬 더 순수한 세상을 위해 용기를 내어라! 자비와 사랑으로 채워지는 진실한 삶만이 펼쳐지는 세상을 일으켜 세우기 위해 싸워라! 그런 의미에서 그대 역시 저 악의 세력을 짓밟고 서 있는 자가 되어라! 물론 이때 그대는 잘못된 정의감과 독선적인 생각에 사로잡히지 않도록 경계하라! 그대가 악의 세력인 뱀과 열정적으로 맞서 싸우는 동안에 그 짐승 또한 그대가 힘겨워하거나 스스로를 못미더워하는 순간을 눈치챌 수 있다는 사실을 명심하라! 그러므로 마음을 수시로 굳게 다지며 내적인 투쟁을 결코 가볍게 여기지 않도록 주의하라!

이와 같이 그대가 내적으로도 올바른 정신을 가져야 분명하게 행동할 수 있고, 순수한 초심을 놓치지 않을 수 있다. 그 뱀을 짓밟을 때 너무 쉽게 생각하거나 너무 가볍게 행동하지 마라! 그와의 싸움을 염려하는 사람이라면, 누구나 악과 맞서 싸울 때 오히려 신중하게 행동할 것이니, 때로는 조용히 움직이더라도 모름지기 훨씬 더 강한 힘으로 제압해야 한다는 생각이 들 것이다. 그리하여 만일 그대가 악과의 싸움에서 다소 승기勝機를 잡았다고 여기는 순간이 오더라도, 혹여 그것이 단지 자신의 착각으로 인한 것은 아닌지 주의 깊게 살펴라! 또한 비록 그대가 훨씬 더 유리한 위치에 올라섰다고 하더라도, 그때마다 그것은 하늘이 준 선물이란 사실을 잊지 마라! 그 선물은 여느 인간이 애써 노력하여 얻어 낸 결과물처럼 그대 자신의 공로로 인해 손에 쥐어진 것이 아님을 기억하라! 성모님에게도 저 큰 뱀을 짓밟고 거두신 승리는 단연 하느님의 선물이었다. 이 같은 생각은 우리로 하여금 악과의 싸움에 용기를 북돋아 주며, 감사하는 마음과 함께 때때로 경건한 마음까지 우러나게 해 줄 것이다.

뱀을 짓밟고 승리를 거두신 여인 혹은 동정 마리아의 초상은 무엇보다도 격려와 약속의 상징이다.

두려워하지 마라! 나의 곁에서도 그리하셨던 것처럼, 그대 곁에 함께하실 훨씬 더 강력하신 분이 오셨다. 그러므로 그대가 예수님께서 걸어가셨던 만큼 멀리 나아가야만 할 수도 있다. 일찍이 성모님이 그분과 함께 나아가셨던 것처럼, 그렇게 멀리 말이다. 또 그대는 예수님께서 그리하셨던 것처럼 버림받고 어두운 세력에 넘겨진 것처럼 여겨지는 날들을 보내야만 할지도 모른다. 당연히 그 순간 훨씬 더 강력하신 하느님께서 이미 그대와 함께하실 것이다. 그러니 믿음을 저버리지 마라! 그분께 의지하여 차라리 마침내 거두게 될 승리를 준비하라! 아니면 어떻게든 그대 자신이 아니라 그대 안에 감춰져 있는 강력한 은총에 마음을 기대도록 하라! 그로써 제아무리 캄캄한 밤과 죽음의 그늘이 그대를 뒤덮을지라도 두려워하지 말고 믿음을 저버리지 마라!

더욱이 뱀을 짓밟고 거두는 승리는 근본적으로 이미 실현되었다. 예수님께서 우리에게 승전보를 알려 주셨듯이 그 승리를 하느님께서 이미 보장하셨기 때문이다. 그러므로 그 승리는 믿음과 사랑 그리고 이를 지켜 내기 위해 자신들을 방해하는 악의 세력과 맞서 싸우는 이들을 위해서도 몫으로 남겨져 있다.

그 승리의 표징은 이미 하늘로 드높이 들어 올려진 모습에서 역력하게 드러난다. 성모님은 승천하신 여인으로 저 큰 뱀을 물리치고 승리를 거두는 이의 예형預形이자 표징이시다. 우리는 기필코 싸워야 한다. 그리고 그 싸움은 항상 다시금 새롭게 시작되는 만큼, 이 세상의 흐름 안에서는 결코 간단히 종결될 수 없다. 한편 우리는 그 어떤 위로나 격려 없이는 살아갈 수 없으며, 신뢰할 만한 것을 하나도 손에 쥐지 못한 채 악과 대적할 수는 없다. 하느님께서 보여 주시는 승리와 평화의 표징은 저 하늘에 있다. 곧 "태양을 [옷처럼] 입고 발밑에 달을 두고 머리에 열두 개의 별로 된 관을 쓰신 여인"(묵시 12,1) 말이다.

7장

은총이 가득하신
분

〈루카 복음서〉에 따르면 천사가 나타나 동정 마리아에게 인사한다. 그때 천사는 "은총이 가득한 이여"(루카 1,28) 하고 부른다. 옛 그리스어 원어에 알맞게 현대어로 풀이한 것이다. 그리스어 《성경》에 기록된 표현을 편안하고 아름답게 바꾸었다고 말할 수 있다. 동정 마리아가 하느님의 은총을 가득히 받았다는 뜻이다. 천사의 이 호칭 및 인사말에 근거해서 동정 마리아가 그분을 공경하는 신앙의 역사 안에서 (하느님께서 당신 아드님을 통해 우리에게 계시하시고 또 직접 선사하시는 선물로서) 그와 같이 하느님의 은총을 받은 사람의 모범이 되신 것이다.

은총은 하느님에게서 창조된 우리 인간이 하느님께 마음을 여는 순간 우리에게 주어지며 변화를 일으킨다. 그렇게 교회는 가르친다. 하지만 은총이란 용어는 현대인들에게 어느덧 추상적이며 자주 난해하게 들리는 용어가 되어 버렸다. 도대체 그와 같은 사건이 오늘날 우리에게 무엇을 말해 줄 수 있을까? 또 어째서 성모님이 은총의 모범적인 인물이 되실 수 있다는 말인가?

그 은총은 사람들이 아주 이른 시기부터 한 여인에 대해 이해할 수 있는 차원에서, 그러니까 그 은총의 주인공인 여인이 미래의 남편 될 사람에게 더없이 훌륭한 의미에서 [현모양처로서] 선물이 된다는 의미를 지닌다고 한다. 그러므로 마리아는 순결한 여인이자 어머니로서 하느님의 은총을 특별하게 드러냄과 동시에 그 은총이 실현되었음을 증거하는 인물로 새길 만하다.

사람들은 동정 마리아의 은총을 마치 혼인을 앞둔 시기에 한 처녀가 다정한 젊은 사내를 만난 것처럼 이해할 수도 있을 것이다. 얼마나 많은 매력과 아름다움과 시가 그로부터 흘러나오지 않을 수 있겠는가! 결혼을 앞둔 약

혼자가 조용히 던지는 눈길 한 번, 한 마디 음성에서 눈부신 광채가 쏟아져 나오지 않을 수 있을까? 그 눈부신 모습이 근심으로 가득 찬 마음을 일순간 날려 버리기라도 하듯 남편 될 사람을 감동시키는 것처럼, 어찌 그가 자신도 모르게 지녀 온 잠재력을 새로이 최대한 끌어 올리지 않을 수 있겠는가? 사람들은 은총을 그렇게 이해해도 좋을 듯하다. 일찍이 은총을 지칭한 고대 그리스어 카리스χάρις에는 미덕美德이란 의미도 내포되어 있다. 그리하여 소화를 이루고 훌륭히 변화시키며 자신을 고양시키는 그런 의미가 은총이란 용어와 함께 고려되는 것이 부당하지 않다. 그리스어 카리스는 오늘날에도 실제 **매력**으로 번역되기도 하여, 개개인의 눈부신 모습, 그러니까 한 인간의 내적인 심성이 훌륭한 삶을 일구며 그를 만나는 모두에게 기쁨을 선사하는 그런 의미로 이해한다.

 은총이라 부르는 그것을 사람들은 자신의 아이를 품은 어머니의 모습에서 종종 목격할 수 있다. 어머니의 따뜻한 눈빛과 한마디 한마디 말이 그러하듯 어머니가 지닌

독보적인 매력은 잉태하는 그 순간부터 자신의 아이를 기쁘게 하며, 출산한 다음 아이를 틀림없이 안전하고 행복하도록 지켜 주고, 언제나 즐겁고 자유로운 환경에서 자라나게끔 누구보다 아낌없이 도와주는 데에 있다. 모든 아이는 기본적으로 이 같은 환경에서 자라야 한다. 그래서 그런 경험은 아이가 평생을 살아가면서 반드시 잊지 않을 만큼 근본적으로 누릴 수 있어야 하는 인간의 기본적인 권리다. 그와 같은 기본적인 환경을 유린하고 침해할 수 있지만, 그럴 때마다 매번 계속해서 그에 대한 욕구가 고개를 들 것이다. 사람들에게는 살아가는 동안 늘 마음속에 그런 욕구를 완전히 떨쳐 버릴 수 없는 향수鄕愁 같은 것이 존재한다. 억압과 고통으로 삶이 무너져 버린 이들의 입장에선 더 이상 기약할 수조차 없는 기적 같은 힘이지만, 그럼에도 유일하게 해방과 안전을 선사하는 그런 놀라운 은총에 대한 향수 같은 것이 사라지지 않고 남아 있다. 그런 점에서 모성이란 것은 하느님의 선물인 은총을 가장 인간적인 형식으로 표현한 것이라고 말할 수 있다. 그러므로 우리는 때때로 커다란 광장이나 교회 안에서 아이를 품에 안은 어머니의 회화나 조각상과 마주치게 되면, 왠지 모르게 편안한 마음이 찾아드는 경험을 하게 된다. 간혹 우리의 삶이 고달프고 생각처럼 편치 않을 때 우연히 마주치게 되는 그러한 회화나 조각상은 우리에게 묵묵히 위로의 말을 건네는 듯하다.

우리는 그와 같이 묘사한 회화나 조각상을 통해 하느님께서 당신의 은총을 우리에게 베풀고 계심을 전하고자 하는 예술가의 의도를 읽을 수 있다. 앞서 인용한 복음서의 진술 또한 우리가 한 여인의 눈부신 활약을 매우 또렷하게 경험할 수 있도록 해 준다. 그러므로 동정 마리아는 "은총이 가득한 이"라고 일컬어도 손색이 없다. 왜냐하면 아주 놀라운 방식으로 하느님께서 우리에게 당신의 아드님 예수 그리스도를 통해 계시하신 구원, 곧 예수 그리스도를 통하여 우리와 화해하시고 우리를 새롭게 해 주시는 구원 섭리가 동정 마리아에게서 분명하게 드러났기 때문이다.

이러한 유비적인 설명Analogie에 대해 주의 깊게 살펴보기로 하자. 이런 방식의 표현은 우리에게 많은 교훈을 줄 수 있다. 그리하여 그것은 언제든 아름다움과 시에 관해, 음악과 리듬에 관해 무언가를 들려준다. [《성경》의] 이처럼 에두른 표현은 거기서 이미 형성된 상태나 [고정된 의미의] 구성이 관건이 아니라, 오히려 뜻밖에 주어지는 어떤 행운 같은 것 혹은 강요할 수 없는 자발성이 보장된 상태에서 실현된 어떤 선물이 관건이라고 말하는 것 같다. 그리고 그러한 선물이 주어질 때마다 우리의 삶은 화해를 이루고 평화를 누리며 자유를 얻게 되고 나아가 창조적인 능력을 최고조로 발휘할 수 있는 기회를 얻게 된다. 그러므로 하느님께서는 예수님을 통하여 우리에게 그와 같은 구원을 계시하셨고, 우리는 그것을 동정이시며 어머니이신 마리아 안에서 특별히 아름다운 방식으로 목격할 수 있게 되었다.

인간은 은총 없이는 도무지 살아갈 수가 없다. 따라서 모든 사람들이 모름지기 신앙인으로서 살아간다고 보아도 아주 그릇된 표현은 아닐 것이다. 우리는 일상적인 삶을 살아가면서 이 같은 사실을 실제로 경험할 수 있겠지만, 결코 순전히 행운이라는 범상치 않은 순간을 맞아서만 이를 경험할 수 있는 것은 아닐 것이다.

그에 대한 실제 사례로 정신적인 삶에 대해 잠깐 생각해 보자. 정신적인 삶은 질문을 던지면서 궁리하는 자세로 사유思惟하는 가운데 펼쳐지기 마련이다. 그와 같은 행위가 치열하게 이뤄지는 자리에선 당연히 인간적인 노력과 부지런함이 요구될 것이다. 그러나 부지런히 노력하며 평생을 살아오더라도 그야말로 결정적인 순간은 자신의 노력만으로 마련되는 것이 아님을 확고하게 말할 수 있다. 그와 같은 경험을 한 적이 있는 사람은 이렇게 말할지 모른다.

"지금 [갑자기] 무언가가 일어났어. 근데 매일 고달프게 살아가는 이 와중에 그것은 어디서 온 것일까? 아무튼 우연히 단번에 모든 것이 훨씬 더 나아지고 더 자유로워지고 더 즐거워지며 미래를 더 기대할 수 있게 되었어."

그렇지 않으면 이렇게 말할 수도 있을 것이다.

"지금 갑자기 번쩍 정신이 들었어! 대체 그 빛이 어디서 온 것일까? 아주 잠깐 그 빛이 나를 비추었지만, 고달프게 살아가며 던져 온 수많은 의문들을 한순간 말끔하게 씻어 주었고 내가 힘겹게 살아온 삶에 처음으로 의미와 즐거움을 부여하며 나를 위로해 주었어. 마치 천사가 내 곁을 가볍게 스쳐 지나가기라도 한 것처럼 느껴졌어! 어찌 되었건 그것은 은총을 생생하게 체험하도록, 그러니까 모든 것을 더 아름답게 만들고 더 즐겁고 더 훌륭하게 만드는 무언가가 이미 선물로 주어졌음을 일깨우도록 나를 비춘 빛이 아니었을까? 마치 여성적인 다정다감한 호의나 어머니의 미소 같은 기분 좋은 어떤 것이 남성적인 거칠고 투박한 일터에 살며시 날아 들어와 그 두 가지가 서로 결합하여 모든 것이 비로소 제대로 잘되어 갔다고나 할까!"

그처럼 조화로운 삶에는 유비적인 설명이 자주 적용되어 왔다. 반드시 해내야 하는 노고는 결국 의미 있는 영감靈感을 만나야 성공을 거두게 된다. 이때 영감이란 것은 카리스, 곧 은총 같은 것을 가리킨다고 확신한다. 그리하여 [저 영감으로 인해] 당장 색色을 입혀야 할 그림이나 막 연주에 들어가야 할 악곡 혹은 때때로 천상적인 빛 안에 항상 머물러 있어야 할 어떤 것이 마침내 제 영광의 기회 혹은 자리를 찾아 환히 빛나게 되는 것과 같다. 사람들이 여성적인 이미지로 여길 수 있는 저 은총은 남성적인 활동을 고양시키며 의미심장하게 변화시켜 준다. 그리하여 그것은 비로소 그렇게 존재해야 할 혹은 그렇게 존재했으면 하는 그런 것이 된다.

한편 일상적으로 우리가 실제 함께 살아가며 일하는 현장에서도 사람들은 그와 같은 경우를 경험할 수 있다. 왜냐하면 우리는 매일같이 새롭게 제기되는 크고 작은 문제들을 해결하기 위하여 피땀 흘리며 노력과 정성을 기울이기 때문이다. 그러나 성공은 우리에게 드물게 찾아오는데, 그렇게라도 성공을 거두게 되면 그것은 비로소 지나온 삶을 총망라하여 도약의 발판이 되고 앞길을 밝히는 빛이 되어 준다. 성공은 그렇게 종종 인간과 인간이 서로 통할 수 없을 정도로 꽉 막혔던 길을 터 준다. 그것은 그래서 다시금 은총의 시간이다.

이는 우리가 어렵지 않게 경험할 수 있는 것들이다. 사람들은 확실히 하느님의 은총을 여전히 풍부하게 경험할 수 있다고 한다. 다시 말해, 예수님을 통해 우리에게 계시되고 그분의 어머니를 통해 보여 주신 아름다운 모습 곁에서 목격할 수 있도록 배려하신 하느님의 은총을 우리가 머무는 이 세상에서도 경험할 수 있다고 말이다. 그것도 그와 다른 온갖 경험들 못지않게 계속 경험하게 될 것이라고 한다. 그러나 이때 은총과 같은 부류의 것을 경험하는 가능성(흔적)들을 실제로 알아볼 수 있다는 사실이 중요하다. 그러니까 은총과 관련된 모든 것이 사람들이 아예 지각할 수 없는 것이 아니라는 말이다. 그래서 그러한 흔적들을 지각하는 사람들에게 은총은 더 이상 갑작스럽게 혹은 단순히 추상적으로 다가오는 용어나 사건이 아니다.

  물론 우리는 이러한 맥락에서 그와 관련된 부정적인 경험들도 언급해야 한다. 예를 들어 [자신이 하느님의 은총 아래 놓여 있다고 믿더라도] 영감과 도약이 부재하는, 그래서 광채나 매력이 전혀 없어 보이고 또한 우리가 힘겹게 노력해도 늘 마음 한편으론 허전함을 느끼는 가운데 자신만이 마치 고아처럼 홀로 버려진 느낌만 종종 드는 경우 말이다. 그러나 그때에는 특히 인사말과 함께 하느님의 뜻을 전하는 천사와 동정 마리아가 서로 주고받는 대화 장면이 우리에게 건네는 메시지에 귀를 기울일 필요가 있다. 천사와 동정 마리아의 대화 장면은 한결같이 믿음을 가지고 견디면서 아직 채워지지 않은 시간을 채워 나가도록 힘쓸 필요가 있다고 충고한다. 성모님도 견디어 내셨으며, 그러는 동안 그분은 고난의 길을 걸어가시는 예수님의 뒤를 따라가셨다. 우리는 예수님과 성모님을 바라보면서 무미건조하고 외관상 은총이 부재하는 듯 보이는 때조차도 틀림없이 좋은 것이 날로 자라나고 또 무르익을 수 있다는 사실을 굳게 믿을 수 있고 또 그리 믿어야 한다. 고달픈 때에도 믿음을 저버리지 않는 굳건한 마음으로부터 놀라운 축복과 은총이 새롭게 자라난다. 믿음을 저버리지 않았지만 여전히 무미건조하게 여겨지더라도 그 순간을 참고 견뎌 내는 사람은 누구나 자기 자신과 다른 사람들을 위해 장차 채워질 축복의 선물이 될 수 있다. 이때 축복의 선물은 사람들이 저마다 살아가는 동안 어떻게든 예수님과 그분과 늘 함께하신 성모님이 극도의 어려운 시기를 참아 견디어 내심으로써 [인류에게] 축복의 선물이 되신 것처럼 우리가 충분히 알아챌 수 있는 그런 것이다. 그런 축복의 선물은 《성경》이 **은총**이라고 일컫는 하느님의 섭리를 제대로 이해하는 데에 가장 중요한 경험이 될 수 있다.

오늘날처럼 점점 더 남성적인 활동과 그에 대한 성과를 내도록 닦달하거나 최고의 남성적 – 이성적理性的인 요소를 강조하는 시대에는 당연히 은총에 관한 모든 경험들이 최악의 위기를 맞아 그런 경험들을 일깨우는 감각은 무뎌져서 거의 눈멀고 귀먹은 상황에 놓여 있다. 이처럼 냉철한 이성을 앞세울 경우 우리가 확실하게 원하는 수준 높은 능률이나 효과는 얻을 수 있을지 몰라도, 이성의 극단적인 편파성 때문에 세상은 종종 냉혹하고 무자비한 방향으로 치닫기 십상이다. 그리하여 그처럼 지나치게 통제된 세상에서 우리의 인간다운 측면은 많은 곳에서 제 길을 잃어 비인간적으로 경도傾倒될 위험에 처하든가 인간성을 위협받는 지경에 이르게 된다.

따라서 이 같은 세상에서 그리스도인들이 앞장서서 하느님의 은총을 믿고 이를 받아들이기 위해 준비하는 것이 무엇보다 시급하고 중요하다. 은총에 대한 믿음과 은총을 받기 위한 준비를 새롭게 하는 일은 우리의 인간다운 삶, 그러니까 은총 가득한 삶을 보장할 수 있다. 그러한 기획은 이렇듯 현대화된 문명의 기계 중심적이고 이성 중심적인 가치관의 비인간적인 경향과는 현저히 대조적인 모습으로 비칠 것이다. 그래서 전체적인 설계 아래서 치밀한 계산을 통해 통제하고 철저히 관리하려는 경향과는 달리 의지와 열린 마음을 가급적 훨씬 더 우선적이고 중요하게 취급함이 마땅하다. 목적에 치중한 냉철한 사고보다는 자유롭고 여유롭게 살아가는 삶을 선호하고, 계획된 성과를 기술적으로 달성하려고 하기보다는 여성적이고 모성적인 차원에서 얻어지는 결과를 추구하게 될 것이다. 그러나 이는 기술 중심적 – 이성 중심적인 추세와는 정반대의 길을 걷는다기보다는 차라리 그와 같은 기계적이고 냉철한 경향을 우리의 전인적인 삶을 위해 또 다른 측면에서 필수적으로 보충하는 의미를 가진다고 보는 것이 옳을 것이다.

그리스도인들에게는 이 세상에서 기울어진(경도된) 측면을 바로잡아야 할 의무가 있다. 물론 우리의 능력으로 온전히 보강할 수는 없지만 [앞서 보았다시피] 우리가 살아가는 일상 중에 천사의 인사, 곧 하느님의 은총을 전달하는 전령의 방문을 감사하며 받아들일 준비는 할 수 있다. 그리고 우리는 그처럼 우리에게 건네는 인사에 대해 일찍이 성모님이 그리하셨던 것처럼 응답할 수 있다. 그분과 같은 신앙 안에서 우리는 마음을 다잡고 견뎌 낼 수 있다. 그렇게 우리가 그늘진 곳에서 방황하는 동안에도 신앙을 통한 용기와 인내로써 은총과 축복의 표징들을 기대할 수 있다.

여인이자 어머니이신 마리아는 은총이 가득하신 분이요 [우리를 위해] 은총을 받아들이는 올바른 자세를 몸소 보여 주신 모범이다. 그렇게 성모님을 통해 드러난 예수님의 전모全貌가, 곧 예수님의 삶과 죽음 그리고 그분의 부활이 곧 은총이다. 따라서 성모님의 모습을 우리가 항상 반복해서 기억하면서 성모님이 몸소 취하시는 행동을 통해 우리에게 건네시는 말씀에 귀를 기울여야 한다.

하와와 성모 마리아

가장 이른 시기의 교부들부터 지금까지 성모님은 인류의 조상 하와와 비교되어 왔다. 무엇보다도 〈루카 복음서〉가 전하는 바에 의하면 성모 마리아는 (〈창세기〉 1-2장에서 우리가 목격하는) 위대한 어머니 하와와 견줄 만한 분이시다. 앞서 소개한 성경 구절과 연계하여 보면 하와와 성모 마리아는 여인들의 시조始祖와 같은 의미를 지닌다. 하와는 모든 인간이 짊어져야 할 죄악의 결과에 최초로 관여한 여인으로서 이후 태어나는 여인 및 인간들의 시조라고 본다면, 성모 마리아는 예수 그리스도를 통하여 해방되고 구원받게 되는 새로운 인간들의 시조라고 말할 수 있다.

하와는 여인들의 첫 번째 인물이자 원형元型으로서 모성을 잠재적으로 지닌 모든 여성들의 원천적인 모습(전형, 典型)이라고 보아도 좋을 것이다. 그래서 다양한 형식의 신화적인 진술을 통해 전해져 오는데, 최초의 모습은 매우 의미심장한 사건으로 간주된다. 왜냐하면 단 한 번 일어났으나 그것을 본떠 생겨나는 새로운 것들 안에서 매번 다시 되돌아보게 되기 때문이다.

하와는 창세기에서 전하는 위대한 이야기 안에서 인류의 어머니이자 첫 인간 아담을 잘못된 길로 유혹한 타락한 여인이다. 그녀에게 숭고한 모성 너머로 일대의 혼란이 뱀의 형상으로 들이닥치면서 인간은 죄악의 그늘 아래 놓이게 되었다. 한순간 저지른 죄악이 그녀를 장악함으로써 그녀 자신만이 아니라 그녀가 낳은 자식과 그 후손들에게도 퍼져 나갔다. 하지만 죄악이 완전히 승리한 적은 없다. 죄악에 물들어도 하와에게 본래 주어진 숭고한 모성은 사라지지 않았다. 그것은 그녀를 하느님과의 유대를 단절하지 않고 그분의 위대한 약속을 계속 이어 준 연결 고리였다. 그로써 하와는 물론 인류가 죄악을 극복하게 된다. 그래서 다시금 한 여인을 통해 결정적으로 그와 같은 구원의 중재가 이루어질 것이니, 그 여인이 바로 예수님의 어머니 마리아시다.

하와와는 정반대의 모습으로 우리에게 다가오신 성모 마리아는 저 앞선 위대한 어머니의 후손이지만, 이제 새로운 인류, 그러니까 예수 그리스도를 통하여 죄에서 해방되고 하느님과 화해함으로써 비로소 자유로운 삶을 영위하게 될 모든 인간들의 어머니가 되신다. 성모님과 그녀에게서 태어나신 예수님의 삶을 통해서 구약의 약속이 확증될 것이다. 그렇게 성모 마리아는 인류의 오랜 약속과 오랜 그리움에 대한 응답과 같으신 분이다.

하와에게서 일어난 그것이 오늘날에도 여전히 일어나고 있으며, 성모 마리아에게서 새롭게 바뀐 그것이 오늘날에도 새롭게 바뀔 수 있고, 또 그럴 수 있는 한 기어코 새롭게 바뀌어야 한다. 하와와 성모 마리아 사이에 가로놓인 긴장 및 유대는 오늘날 우리 모두가 살아가면서 경험하는 긴장 및 유대의 전형이라고도 말할 수 있다. 그리고 그러한 사태가 우리에게 중요한 의미를 지닌다.

언제나 그러하듯 이 세상에는 모성이 존재하며, 그것은 한 인간의 운명만이 아니라 그 모성에 의해 낳아지고 길러지는 미래 세대의 운명을 결정하는 데에도 큰 비중을 차지한다. 또한 어머니와 태어나 자라나는 아이에게는 저 인류의 어머니에게서 전수되는 옛 그림자(죄악으로 인해 수반되는 갈등 및 불화)란 것이 존재한다. 그래서 살아가는 데에 반드시 필요한 인간관계가 뒤틀릴 때마다 우리는 그에 따른 고통을 경험한다. 일례로 이 세상의 곳곳에서 드물지 않게 벌어지는 국가 간의 전쟁이나 심각한 내전, 참전 포로들의 수용소 생활은 물론 천재天災든 인재人災든 아픔과 굶주림으로 허덕이는 수많은 가난한 이웃들을 접하면서 함께 고통을 느낀다. 이 같은 세상의 온갖 부조리를 해소하고자 반복해서 시도해도 제대로 성공을 거두지 못할 때 우리는 또다시 고통을 경험한다. 수많은 가정이 허물어지고 남녀 사이에서나 부모와 자녀 사이에서 서로의 관계가 빈번히 마찰을 일으키며 결국에는 다툼과 갈라섬으로 해결 아닌 해체에 이르는 형국을 안타깝게 경험한다. 이때 개인의 능력으로 문제를 해결해 내기에는 어려운 점들이 많다. 그래서 사람들은 푸념하듯 다음과 같이 말할 수도 있을 것이다.

"하와로 인해 벌어졌던 그것이 오늘날 우리 시대에도 여전히 계속해서 벌어지고 있다."

하와의 아들들과 딸들이 일찍이 뱀이 유혹해서 위기를 맞았던 것처럼 온갖 부조리와 죄악 때문에 고통스러워하면서 자유와 순수함, 행복과 기쁨 그리고 사랑을 그리워하는 상황도 여전히 계속되고 있다. 인류는 예로부터 지금까지 그리고 앞으로도 그렇듯 새로운 삶에 대한 희망이든 새롭게 곧추세워지는 인간성의 실현이든 그것을 이루고자 하는 욕구를 멈출 수가 없다. 인류는 그것을 그리

위한다. 그래서 사람들은 언제나 다시금 실제적으로 혹은 설령 유토피아처럼 여겨지더라도 새롭게 다듬어진 보다 나은 인간상人間像을 부단히 추구하기 마련이다. 하지만 새롭게 인간상을 구상하는 일은 예전에도 그러했듯이 반복해서 헛되이 무너져 버리고 만다.

그로 인해 사람들은 이렇게 말할 수도 있다. 인류는 그에 대해 알든 모르든 하나의 약속을, 곧 그동안 경험해 온 모든 인간적인 것보다 훨씬 더 위대한 희망을 좇으며 살아가는 것처럼 보인다고 말이다. 그러므로 비록 분명하게 말하지는 않더라도 인류가 하느님의 약속을 추구하는 것은 아닐까? 그런 점에서 하와와 그녀에게 주어졌던 약속의 역사는 반복되고 있는 셈이다. 하와에게서 시작된 세상의 대림待臨이 우리들 사이에서 새로운 형식과 새로운 절박함으로 단장되어 꾸준히 추구되어 오는 것처럼 말이다.

하지만 그에 대한 그리움은 늘 아무것도 이루어진 것 없이 허무하게 흘러간 것처럼 보인다. 이에 많은 사람들은 더 이상 진지하고 참된 하느님의 약속이란 실재하지 않는다고 보는 것이 현명하다고 결론 내려야 할 것이라고 말한다. 그래서 하느님께서 보내신 구세주, 곧 마리아의 아드님이신 **예수**라는 인물은 실재하지 않는다고 단념함으로써 보다 나은 인간성, 보다 새로워진 인간성을 향한 애타는 그리움이란 결국에는 헛된 상상에 지나지 않는다고 생각한다. 그러나 다행히 그분은 실재하신다. 은총을 충만하게 받으신 동정 마리아가 예수님의 어머니가 되신 사건이 기나긴 고통으로 신음하던 인류에게 행운처럼 벌어졌다. 동정 마리아는 예수님을 잉태하는 은총으로 순수하게 되셨고 하느님과 화해하게 되셨으며 그로써 온통 새로워진 인간의 전형이 되셨다. 예수님께서는 이 지상의 어떤 어두움도 그분을 가리거나 퇴색시킬 수 없는 찬란한 별처럼 모든 사람들 위에 우뚝 서 계신다. 하느님의 은총 덕분에 하와의 후손들 사이에서 새로워진 인간에 대한 희망이 솟아났다면, 이제 그 희망이 마리아에게서 눈으로 확인할 수 있을 만큼 또렷하게 실현된 것이다.

그에 반해 물론 우리 가운데 적지 않은 이들이 다른 생각을 하며 말할 것이다.

"이처럼 새로워진 구원된 인간에 대해 잘 모르겠다. 한 세대에서 다른 세대로 거쳐 가면서 옛 (창조 때부터 시작된) 비극이 반복되듯이 계속되고 있지 않는가?"

확실히 그와 같은 푸념과 볼멘소리에는 많은 이유가 있다. 그러나 어떤 사람들은 또 다른 생각으로 다르게 말할 것이다.

"그래도 뭔가 바뀌지 않았는가! 예컨대 겉보기에 절망스러운 이 모든 비극적인 상황에도 불구하고 희망하는 것은 자유가 아닌가? 새로운 인간상에 대해 희망하는 것, 곧 마리아와 같은 모범을 따르려는 것이 굳이 나쁜 일이겠는가? 온갖 악에 비해 훨씬 더 차분하면서도 강력하게 진가를 발휘하는 하느님의 은총, 예수 그리스도께서 우리에게 선포하셨고, 그분을 통해 모두가 하느님과 화해할 수 있고 또 새로워질 수 있는 하느님의 은총을 기대해도 좋은 것 아닌가?"

우리가 성모님과 함께 하느님을 굳게 믿으며 하느님의 부르심에 귀를 기울이는 마음가짐을 배워 익히면서 희망한다고 해서 우리를 더 악화시키거나 해롭게 만드는 것은 무엇일까? 오히려 성모님과 함께 한결같은 신앙으로 모든 것을 참고 견뎌 내는 힘을 기른다면, 혹은 하느님의 은총에 대한 믿음과 그분께 달려 있는 희망을 어떤 일이 있어도 포기하지 않도록 마음을 다진다면, 어떻게든 유익한 점이 더 많지 않을까? 마치 오랫동안 지속되는 이 세상의 어둠을 마지막까지 밝히는 횃불처럼, 시련과 유혹과 심지어 죽음의 어둠까지 뚫고 나가는 횃불처럼 성모님과 함께 희망을 품고 살아가는 일이 어찌 나쁜 일이겠는가?

나아가 그 같은 희망의 빛은 때때로 다른 이들에게도 나눠 줄 수 있을 터이니, 어쩌면 누구보다 더 절실한 사람들에게 값진 선물이 될 것이다. 더욱이 동정 마리아처럼 여인의 신분이라면, 그래서 여성적인 부드러움이나 모성적인 따뜻한 심정으로 말을 건네면서 절실하고 절박한 사람들을 상대로 봉사할 수 있다면, 그 희망의 빛은 매우 특별한 방식으로 이웃에게 선물이 될 수 있을 것이다. 그러나 여인의 신분으로서만이 아니라 믿음을 가진 그리스도인이라는 신분으로 살아가는 모든 이가 하느님의 은총에 대한 희망으로 깨어 있으면서 다양한 방식으로 이웃에게 자신을 선물하듯 다가간다면, 보다 더 바람직할 것이다.

또한 우리는 그러한 희망을 품으면서 우리에게 이미 제안된 하느님의 약속을 향해 손을 뻗을 수 있고 또 그래야만 할 것이다. 그 제안을 직접 받아들임으로써 선善과 기쁨을 맞이할 수 있기에, 죄악에서 해방된 삶을 스스로 깨닫고 이루어 나감으로써 자신만이 아니라 다른 이들에게도 영향을 미친다면, 이 세상에서 희망을 일궈 가는 삶은 날로 확장될 것이다.

스스로 희망을 품고 또 다른 이들에게 희망의 선물이

됨으로써, 그렇듯 선한 삶을 믿고 바라며 사랑하는 깨달음과 실천을 통해 세상은 점차 변화될 것이요, 이 세상에서부터 우리는 이미 이전과는 다른 존재로 살아갈 수 있을 것이다. 지나간 낡은 세상 한가운데에서 해마다 새로운 세상이 열리는 봄과 같은 것이 깨어날 수 있다. 사실상 그러한 것은 이미 이곳저곳에서 깨어나고 있다.

돌이켜 보자면, 일찍이 하와라는 옛 터전에서 성모 마리아와 같은 새로운 인간이 마침내 꽃을 피울 수 있었다. 적어도 그동안 누적된 토대와 희망의 전조前兆 안에서 이러한 봄은 언제든 반복해서 우리 곁에서 깨어날 수 있다. 왜냐하면 이미 그토록 봄을 기다리며 준비하신 성모 마리아에게서 예수님께서 태어나셨고 우리를 해방시키는 하느님의 은총이 바로 그분에게서 유래하였기 때문이다. 그 은총은 그 이래로 모든 인간을 상대로 위에서 환히 밝혀 주는 빛이 되었다. 성모 마리아가 자신의 삶을 통해 모범적인 신앙의 표징이 되셨다면, 우리는 이제 우리 각자의 삶을 통해 그분을 증언하는 증거자가 되어야 한다.

성모 마리아와 교회

성모 마리아는 예전부터 신앙인들의 공동체를 뜻하는 교회의 예형으로 이해되었다. 예수님의 어머니와 교회 사이의 이러한 관계에 대해 진술한 가장 오래된 문헌은 〈요한 묵시록〉의 12장이다. 우리는 거기서 이미 또 다른 맥락에서 언급하는 구절을 발견한다. 거기에는 "태양을 입고 발밑에 달을 두고 머리에 열두 개의 별로 된 관을 쓴 여인"(묵시 12,1-2)이 등장한다. 그 광경은 과연 성모 마리아의 미래에 관하여 묵시적으로 드러낸 것이다. 곧이어 그 여인이 이 세상을 심판하실 구세주의 어머니로 밝혀질 것이기 때문이다. 그 광경은 또한 교회의 미래를 앞당겨 소개한 것이다. 그리고 당시 교회의 모습을 구체적으로 반영하고 있다. 박해로 인해 위기를 맞고 시련을 당하면서도 하느님의 구원을 바라보고 꿋꿋하게 믿음을 지키며 걸어가는 교회의 모습 말이다. 교회는 성모 마리아에게서 제 모습을 반추하여 대림 신앙을 키우고, 성모 마리아는 교회에 자신의 삶을 드러내 보이시어 교회가 걸어가야 할 길을 일깨워 주신다. 그 이후로 사람들은 언제든 반복하여 여러 가지 측면에서 이 같은 맥락에 주목하여 살피게 되었는데, 마침내 제2차 바티칸 공의회 문헌들 가운데 교회헌장(《인류의 빛 *Lumen Gentium*》)에서 볼 수 있듯이, 성모 마리아가 교회에 대한 가르침 항목에 다시 등장하게 되었다(특히 제8장 "그리스도와 교회의 신비 안에 계시는 천주의 성모 복되신 동정 마리아"에서).

그러면 이러한 맥락은 무엇을 의미하고, 진정한 그리스도인으로 살아가기 위해 무엇을 배울 수 있을까? 이에 대해 상기 교회헌장은 어떻게 설명하고 있는가?

성모 마리아는 그 밖의 다른 곳에서도 그리 소개되듯 거기서도 그분 자신이 처음 생명을 선사받으신 이후 그와 똑같은 생명을 예수님에게 선사하신 어머니로 소개되고 있다. 그리하여 예수님께서 자라나시는 동안 그분을 돌보며, 마침내 십자가의 수난이라는 엄청난 시련에 이르기까지 이끌어 주신 어머니로, 나아가 부활의 기쁨과 성령 강림의 위로에도 참여하신 어머니로 소개되고 있다. 그래서 성모 마리아는 이 모든 것을 한 여인이자 동정이며 어머니로서 완수하셨음을 아울러 기억할 필요가 있다.

이 모든 것은 교회 안에 반영된다. 한편 제2차 바티칸 공의회에서 교회는 이러한 맥락을 따라서 "신앙인들의 공동체" 혹은 "하느님의 백성"으로 이해되었다. 우리는 이 용어와 관련하여 드넓게 범세계적인 차원에서 보편 교회만이 아니라 작고 개별적인 차원에서 각 지역 공동체 내지 본당 공동체, 나아가 성당 내 단체 모임에 이르기까지 두루 염두에 두어야 한다. 신앙인(들)의 공동체란 우리가 함께 살아가며 믿고 함께 기도하는 의미에서 바로 우리 자신이다. 우리가 함께 믿고 기도하면서 이루는 공동체가 곧 교회다.

물론 그 신앙 공동체에는 제도적인 요소들도 있다. 그러한 요소들은 [우리가 선택하거나 마련한 것이 아니라] 앞서 주어진 것인데, 우리에게 필요한 것들이다. 무엇보다도 주교직主敎職을 수행하는 위치에 있는 이들이 신앙 공동체 전체 안에서 중요한 역할을 한다. 그러나 주교들은 자신들을 위해 그런 지위에 있는 것이 아니라 신앙인들의 공동체에 봉사하기 위해 그 자리에 있다. 그러한 모습의 공동체가 본래적인 교회다. 교회는 사람들이 어떤 형식으로든, 그러니까 크든 작든 그 규모와 관계없이 신앙으로 서로 결합해 있는 곳이라면, 어디서든 존재하며 거기에는 신앙 공동체가 살아 숨 쉰다.

만일 성모 마리아가 교회의 출중한 이미지로서 그 몫을 다하게 된다면, 다시 말해 그분이 신앙인들의 살아 있는 공동체의 표상으로 기억된다면, 당연히 교회 공동체에 대한 올바른 이해와 나아갈 올바른 방향을 위해 적지 않은 것들이 그분의 모습에서 도출되어야 할 것이다.

예를 들어, 가장 먼저 신앙 공동체는 하느님께서 베푸신 선물이라는 결론이 도출된다. 신앙 공동체를 통하여 신앙의 주님이신 예수 그리스도께서 우리 가운데 살아 계신다. 이것이 본래적인 선물이다. 자신의 태중에서 예수님을 품어 사람의 몸으로 실제 살게 하신 성모 마리아의 모성이 앞서 그분에게, 곧 동정 마리아에게 주어진 일생일대의 선물이었던 것처럼 말이다.

그러므로 이제 우리 공동체에 중요한 것은 이미 받은 선물이다. 그래서 우리는 이 공동체 안에서 어떻든 더불어 살아갈 수 있으며 함께 일하고 함께 축제를 지내며 기뻐할 수 있고 서로서로 친구 혹은 친지로서 살아갈 수 있기에 더 이상 혼자가 아니다. 그럼에도 우리는 그것이 과연 얼마나 아름답고 커다란 선물인지 한번쯤 생각해 본 적이 있는가? 나아가 비록 우리가 함께 살아가는 것이 때때로 어려운 난관에 부딪히게 될지라도, 어떻게든 함께 살아갈 수 있다는 사실에 감사한 적이 있는가?

우리가 함께 믿을 수 있으며 함께 전례에 참여하여 기도하며 함께 그리스도인다운 삶을 추구하는 가운데 우리가 믿는 주님께서 일찍이 성모 마리아 곁에 계셨던 것처럼 우리 곁에 늘 함께 머무르신다는 사실보다 더 크고 값진 선물이 또 있을까?

우리가 믿음으로 함께 살아가는 이 같은 은총에 감사하는 만큼 이처럼 함께 살아감이 [하느님 보시기에] 좋고 생기 넘치는 삶이 되도록 정성을 다하는 것이 옳지 않겠는가? 왜냐하면 그와 같은 삶이 언제나 우리에게 자명하게 주어지지 않을 뿐더러, 오늘날에는 더더욱 그와 같은 삶에 대한 관심이 점점 사라져 가기 때문이다. 우리 가운데 얼마나 많은 이들이 홀로 미사 전례에 참여하고 있다는 느낌을 받는가! 어쩌면 주일 미사에 참례하지 않아서 고해성사를 보아야 하는 것이 번거로워 마지못해 성당을 찾는 수준에 머물러 있지는 않은가! 반대로 우리는 익명성 아래에 몸을 숨기는 사람들을 교회로 이끌기 위해서 해야 할 바를 다하고 있으며 꾸준히 노력하고 있는가? 점점 늘어나는 고령층의 고독한 삶을 진심으로 걱정하면서 그들과 친교를 나누는 공동체를 이루고자 최대한 호의를 베풀고 있는가? 혹은 그들이 스스로 그와 같은 선처 내지 호의를 찾아 손을 내밀 때 고독한 삶을 청산하고 그 장벽을 허물어 버리도록 붙잡아 주며 격려하는가? 과연 우리는 어떻게 교회다울 수 있을지 고민한 적이 있는가? 다시 말해 신앙으로 모인 공동체로서 어찌하면 성실하게 살아갈 수 있을지 숙고하고 있는가? 우리가 이러한 상황들에 무관심하고 나태하게 지낸다면, 어찌 이 같은 고마운 선물을 받고서도 하느님 마음에 드는 삶을 이룰 수 있겠는가? 우리는 생기 넘치는 신앙 공동체가 되어야 한다. 요란하지 않고 조용히 그러나 생기 넘치는 삶을 사신 예수님의 어머니를 닮은 교회가 되어야 한다.

그리하여 우리는 참된 신앙 공동체 및 교회가 되어야 하고 예수님의 어머니를 닮은 신앙인이 되어야 한다. 그럴 때 우리는 다 함께 어머니와 같은 태도로 예수님을 우리 안에 받아들이며 우리 자신이 선물로 받았던 소중한 생명을 예수님의 몸에 불어넣을 수 있다. 마치 성모 마리아가 그 아드님을 어머니로서 자신의 품으로 받아서 보듣으시고 생명을 내어 주신 것처럼 말이다. 성모 마리아의 모습과 유사하게 우리는 예수님의 생명 혹은 영이 우리 안에서 살아 숨 쉬도록 자리를 내어 드리며 동시에 우리의 동료 인간들 안에서도 그런 의식을 일깨워 주면서 하느님의 뜻이 우리 가운데에서 이루어지기를 원해야 한다. 그리하여 예수님의 영이 우리 공동체 안에 살아 계시는 동안 바오로 사도가 말하는 것처럼 우리 모두가 예수님의 영에 의해 살아 숨 쉬는 지체들이란 의미에서 예수님의 몸과 하나가 되는 그분의 지체로서 구원받은 신분으로 살아갈 수 있다.

이러한 모성적인 생명의 수용 및 생명의 선사는 가장 먼저 성사聖事를 통하여 벌어지며 근본적으로 세례를 통해 시작된다. 그러므로 세례수洗禮水가 놓여 있는 자리는 교회의 옛 교부들에 의해 사람들이 예수님의 몸과 하나가 되는 지체로 새롭게 태어나게 해 준다는 의미에서 신앙인의 산실産室로도 자주 비유되어 왔다. 세례는 하느님의 자녀이자 많은 형제들 가운데 맏이로 태어나신 예수님의 형제자매로 우리를 세워 준다. 이 성사적 상징은 우리로 하여금 항상 반복하여 이 성사가 사람이 인위적으로 만들어 낸 전례 의식이 아니라 우리를 사랑하시는 하느님의 은총이자 선물임을 일깨워 준다. 그러므로 이러한 믿음의 선물은 하느님에 의해 예수 그리스도를 통하여 구원을 가져다주는 뚜렷한 상징이 된다.

그러나 우리는 이렇듯 새롭게 태어나게 하는 성사를 몸 없는 지체처럼 여겨서도 안 되고 또 그리 행동해서도 안 되며, 오히려 하느님으로부터 오는 이 새로운 생명의 은총에 힘입어 우리의 삶에 활기를 불어넣어야 한다. 다시 말해 우리는 예수님의 영 자체가 우리 안에서 살아 숨 쉬도록 마음을 열어 자신뿐만 아니라 동료 인간들 안에서도 활동하시도록 자리를 마련해 드려야 한다. 그러므로 이 성사는 예수님의 영靈에 대한 공동의 일깨움과 그분께 자리를 내 드리는 것을 지향한다. 여기에는 예수님께서 복음서에서 전하는 바와 같이 가르치고 행동하신 그 모든 것도 속한다. 예컨대, 서로 돌보며 육신과 영혼

모두를 치유하고 화해가 필요한 곳에서는 서로 화해하도록 최선을 다해 도우며 연민의 정을 나누고 이해와 배려를 넘어 사랑을 아낌없이 베푸는 삶을 추구하도록 노력해야 한다. 거기에는 복음과 산상수훈에서 가르치는 하느님 나라의 행복에 대한 정신을 고양하는 노력도 포함된다. 우리 모두는 교회로서, 곧 주님을 믿는 사람들의 무리로서 함께 살아가되 그렇게 공동으로 그리고 어머니와 같은 자세로 예수님의 영이 우리 가운데서 살아 숨 쉬도록 항상 의식하며 살아가야 한다. 그런 의미에서 우리는 그분의 교회이며 강생하신 그분을 중심으로 모인 구체적인 공동체다. 우리는 그렇게 살아가도록 힘써야 하며 예수님께서 기꺼이 우리 가운데 함께 머무르시도록 항상 준비해야 한다. 그로써 우리는 진정 살아 있는 교회가 될 수 있다.

성모 마리아의 모습은 우리에게 이 같은 과제와 관련해서 특별한 어떤 사실을 일깨워 준다. 그러니까 그분이 몸소 경험했던 바와 같이 그리스도인다운 삶을 살고자 노력할 때 여러 가지 난관에 부딪힐 것이라는 사실 말이다. 그러므로 성모님은 우리에게 권고하신다. 큰 재난에 봉착하거나 [전쟁과 같은] 침략의 위기를 맞거나 심각한 고통을 당할 때마다 아이의 생명과 참된 삶을 끝까지 희망하며 기다리는 어머니의 믿음과 이런저런 위협과 유혹 앞에서도 그와 똑같이 정성을 다하는 모성적인 사랑을 발휘함으로써 참고 견디어 내자고 말이다. "시온(의 딸)아, 두려워하지 마라!"(스바 3,16) 하고 외치는 스바니야 예언자의 권고는 마치 성모 마리아에게 하신 말씀처럼 들린다. 그렇게 거기 "시온"은 신앙 공동체의 예형으로서 모든 그리스도인들을 내포한다. 우리는 시험을 통과해야 하지만 함께 믿으면서 두려움에서 벗어날 수 있도록 하느님의 구원에 관하여 확신할 수 있는 증거나 단서가 필요하다. 이에 우리는 서로가 서로에게 증인이 됨으로써 함께 힘을 모아 그 두려움을 몰아내야 한다. 왜냐하면 위에 소개한 [구약의] 예언의 함축적인 의미를 따라서든 저 "시온(의 딸)"에 대한 〈신약 성경〉의 해석에 의거해서든 우리는 하나의 공동체를 이루기 때문이다.

성모 마리아가 동정이자 여인으로서 모성적인 삶을 완성하셨다는 점도 생각하면 좋겠다. 달리 말해, 이러한 여성성女性性이 어머니와 같은 교회 안에서 인내와 사랑을 통해 결실을 맺도록 장려되어 활기 넘치는 공동체적인 삶의 구현에 이바지하기를 바란다.

우리 신앙 공동체 안에서 함께 살아가는 삶이 성숙하게 다 자란 딸처럼 사랑스러워야 하지 않겠는가? 우리가 결국 신앙으로 모인 것처럼 같은 믿음으로 살아가면서 서로 곁에서 보살피고 힘이 되어 줌으로써 마치 신부처럼 아름답고 사랑스러운 모습이 절로 드러나야 하지 않겠는가? 이러한 삶은 교회라는 이름 아래 자신의 아이를 위해서는 두려움을 모르는 어머니의 강인한 모습처럼 끝끝내 생명을 잉태하고 그 생명이 자라도록 최선을 다하는 삶이어야 하지 않겠는가? 그리스도인으로서 우리가 일상적으로 세상과 더불어 살아갈 때도 그와 마찬가지로 여성적인 즐거움과 시적인 아름다움, 나아가 생명에 대한 여성 고유의 감성과 인내심은 물론 그의 특별한 능력이 필요하지 않겠는가?

우리 마음의 한계와 굳어져 버린 사고방식 그리고 이 세상에서 취하는 그때마다의 올바른 결심이나 약속이 깨어지기 쉽다는 이유로 그것이 불가능할 것이라는 생각을 미리 하지 않는 것이 좋다. 왜냐하면 성모 마리아처럼 하느님의 은총을 굳게 믿는다면, 그래서 그분과 같이 하느님의 전령에게 기꺼이 응답하는 자라면 나약한 마음과 의심 많은 세상보다 훨씬 더 큰 힘을 떨쳐 보이시는 분, 더욱 강하신 분과 계약을 맺기 때문이다. 그러한 사람은 언제나 계속해서 하느님의 빛을 따라 교회 안에, 신앙을 가진 이들의 공동체 안에 영광스러운 무언가를 가져다줄 수 있다.

만일 우리 모두 크든 작든 예수님의 어머니를 모범 삼아 하느님과 예수님 안에서 우리에게 계시하신 하느님의 은총에 의지하여 살아가게 된다면, 우리 공동체 및 교회는 확실히 사랑받을 만한 하느님의 백성이 될 것이다. 그와 같이 살아가는 하느님 백성의 삶은 마침내 "태양을 입고 발밑에 달을 두고 머리에 열두 개의 별로 된 관을 쓴 여인"(묵시 12,1-2)이 보여 주는 아름다운 모습처럼 영광스럽게 빛날 것이다.

성모 마리아의 승천

모든 그리스도인, 아니 모든 인간의 생애 마지막과 마찬가지로 성모 마리아의 생애 마지막도 똑같아 보인다. 그러니까 죽음으로 마무리되었다는 것이다. 하지만 《성경》을 통해서 우리는 성모님의 죽음에 대해 전혀 듣지 못하고 있으며, 오히려 《성경》은 그에 대해 아무 말이 없다. 한편 일찍감치 경건한 신앙을 가진 이들은 언제나 그분의 죽음에 관심을 기울여 왔고, 나아가 그분의 죽음에 관해 깊은 존경심을 가지고 전하는 여러 가지 보도도 우리는 알고 있다. 그처럼 존경하는 마음으로 기념해 온 가장 아름다운 증거 가운데 하나가 바로 성모 마리아의 귀천歸天, 우리에게 익숙한 표현으로는 성모님의 승천昇天이라 불리는 축제다. 우리는 한참 무더운 여름에 아름다운 꽃다발과 헌시를 준비하여 이 성모 승천 대축일을 지낸다. 현대에 와서야 성모님이 죽음을 맞으실 때 하늘로 들어 올림을 받으셨다는 옛 사상이 교회의 교도권을 통해 **믿을 교리**로 선포되었다(1950년 11월 1일, 비오 12세 교황).

이로써 그처럼 존경하는 마음으로 기념해 온 축제가 신앙인들의 공동체 안에서 공식적인 전례 축일로 받아들여졌다. 이때 좀 더 특별한 의미가 거기에 부각되었으니, 성모님이 죽음을 맞이하실 때 그분의 육신과 영혼이 하늘의 신비로운 영광 안으로 들어 올림을 받으셨다고 고백한 것이다.*

이 같은 진술은 모두 무엇을 의미하는 것일까?

---

* "원죄 없이 잉태되신 하느님의 어머니, 평생 동정이신 마리아께서는 지상 생활을 마치신 다음 영혼과 육신으로 천상 영광에 들어 올림을 받으셨다."(《신경, 신앙과 도덕에 관한 규정·선언 편람》 3903항)

성모님도 죽음을 맞으셔야만 했다. 예수님께서 죽음을 맞으셔야 했고 우리 모두 예외 없이 죽어야만 하는 것처럼 말이다. 성모님은 조용히 자신의 마지막 길을 걸어가셨던 것처럼 보인다.

그러나 우리는 성모님의 죽음이 어머니로서 또 신앙인으로서 예수님과 함께 살아가는 삶을 마침내 완수하셨음을 뜻한다고 생각해도 좋을 것 같다. 성모님은 예수님을 잉태하시어 낳으시고 마지막 십자가의 죽음에 이르기까지 아드님 곁을 지키셨다. 그리고 예수님의 부활에 또 하나의 새로운 방식으로 가까이 계셨으며, 예수님 곁에 머무르는 초대 공동체와 한 무리를 이루어 강림하신 성령의 은혜로 충만해지셨다. 이처럼 넘치는 모정과 투철한 신앙 그리고 성령의 은혜로 충만해지신 성모님은 예수님의 다른 추종자들과 함께 자신의 죽음 또한 기꺼이 받아들이며 견뎌 내셨다고 본다. 다시 말해 성모님은 예수님과 함께 예수님의 영 안에서 성부의 품에 안기시는 죽음을 맞으셨을 거라고 확신한다. 그렇게 그 죽음은 의심의 여지 없이 성모님을 성부의 품 안으로 이끌어 주었을 것이라고 믿는다. 성부께서는 성모 마리아를 기꺼이 예수님과 함께 받아들이셨을 것이며, 예수님의 사랑하는 어머니로서 특별히 들어 올리시고 당신 곁으로 불러들이셨을 거라고 믿는다.

그렇게 우리는 성모님이 하늘로 들어 올려지셨다고 고백한다. 저 하늘은 하느님의 품이요, 성부의 빛이자 순수함이 충만한 아버지의 나라다. 우리의 머리 위로 끝없이 펼쳐진 창공蒼空처럼 가시적인 하늘은 무한하신 하느님 나라의 모상이다. 저 하늘은 하느님의 모든 자녀들이 당신의 품속에서 살아가는 하나의 거룩한 공동체를 상징한다. 이 세상에서 쳐다보는 가시적인 하늘이 온 세상을 남김없이 뒤덮고 있듯이 그렇게 아니 그보다 더 광활하고 더 아름답게 모든 것을 온전히 뒤덮는 비가시적인 하늘은 자비를 베푸시는 하느님께 속한 온갖 것이 하나도 예외 없이 그분과 일치를 이룰 것이라고 믿는다. 그것은 곧 천상의 교회를 가리킨다.

이는 또한 모든 악과 온갖 고통 그리고 그 모든 죽음을 영원히 끝장내신 하느님의 최종적인 승리이자 교회의 승리라고 말할 수 있다. 만일 그것이 모든 악에 대한 하느님의 승리라고 한다면, 저 하늘은 하느님의 심판이 이뤄지는 법정이라고도 말할 수 있다. 그리하여 그곳에서 하느님은 모든 것을 의롭게 처리하시고 당신의 마음에 드는 모든 이들, 당신의 승리를 함께 누리도록 허락된 모든 이들과 함께 판결을 내리실 것이다. 저 하늘은 본래 모든 인간의 고향이다. 하느님께서 처음부터 우리를 위해 마련해 주신 까닭에 우리 모두에게 정녕 제 것처럼 느껴지는 거룩하고 아늑하며 전혀 어두운 구석이 없는 그런 곳이다. 그에 비해 우리는 여기 이 지상에선 불편한 삶을 보내고 있다. 저 고향으로 되돌아가기 전까지 나그네로서 감당해야 하는 삶인 셈이다. 성모 마리아는 그렇게 죽음을 맞아서 우리 모두의 고향인 저 하늘로 되돌아가셨다. 이것이 성모 마리아의 승천이요, 우리에 앞서 우리 모두의 고향인 저 하늘로 올라가셨다는 진술의 의미다.

우리는 성모 마리아가 육신과 영혼을 모두 지니신 채로 저 하늘로 올라가셨다고 혹은 들어 올려졌다고 말하기도 한다. **육신과 영혼**, 이는 인간에게 속한 모든 것을 하나도 **빠뜨리지** 않고 일컫는 점에서 온전한 인간을 가리키는 표현이다. 인간으로서 우리는 당연히 몸 없이 영(혼)으로만 존재하지 않는다. 동시에 영(혼) 없는 몸으로만 존재하지도 않는다. 우리는 언제나 하나의 온전한 인간으로 존재한다. 그러니까 육신을 지니면서 동시에 생명의 기운을 발휘하여 스스로 행복을 추구할 수 있는 그런 정신적인 혹은 영적인 존재다. 성모 마리아도 그렇듯 온전한 인간으로서 육신을 지니시고 동시에 생명의 기운을 발휘하여 스스로 행복을 추구할 수 있는 분이셨다. 육신을 지니며 생명의 기운을 발휘하는 인간으로서 성모 마리아는 자신의 아드님을 품었으며, 그 아드님의 십자가 아래서도 육신을 지니신 채 생명의 기운을 놓지 않으셨고 마침내 자신의 죽음 앞에서도 그와 같은 모습을 보이셨다. 그러므로 [모든 인간이 본래 태어난 곳으로의 **돌아감**을 함의하는] 죽음의 신비 속에서 최선을 다해 육신을 지닌 채 생명의 기운을 발휘한 인간, 곧 전인적인 의미에서 한 인간의 전 생애를 총결산하는 시점에서 성모 마리아를 하느님께서 인정하고 고양시키셨다고 말할 수 있지 않을까! 그렇게 성모님은 온전히 자신의 육신과 영혼을 지니신 채로 본향으로 되돌아가신 것이다.

이와 같이 우리가 여기서 생각하는 **온전한 인간**에는 그의 곁에 가까이 머무르는 이들, 예를 들어 가족, 친구 및 친지들과 그 밖에 정신적으로 혹은 언제든 꾸준히 유대를 맺고 있는 이들도 모두 해당된다. 이처럼 서로 결속을 다지는 이들, 특히 신앙으로 단단히 결합해 있는 무리를 우리는 교회라고 부르기에, 이들을 가리켜 함께 믿으며 살아가는 형제자매라고 부를 수 있다. 이들 모두는 [같은] 고향의 신비로운 빛 안에서 영광을 누릴 것이다.

이는 최종적으로 유효한 사건이자 결정적인 사건으로서 그 안에 자리하는 모든 것은 항상 서로 결합되어 있고 늘 하나로 뭉쳐 있으며 어느 것 하나도 사라지지 않는다. 모든 것이 결정적으로 안정된 상태에서 조용하면서도 진심 어린 찬양과 생기 넘치는 기쁨으로 하느님 품 안에 들게 될 것인데, 그것을 교회는 **성모님의 승천**이란 표현으로 고백하는 것이다.

여전히 그 길을 따라 걸어가는 우리에게 기억되는 이 같은 최종적으로 유효하며 결정적인 사건 곁에 우리의 시선을 한동안 머무르게 하는 것도 필요할 것이다.

이때 우리가 잊지 말아야 할 것이 있다. 어떻게 저 고향을 향해 나아가는 이 길을 걷기 시작했는가 하는 점이다. 그 점을 함께 묵상해 보자. 그 길은 하느님을 향해 만반의 준비를 갖추고 조용히 그러나 용기 내어 "예" 하고 대답함으로써 자신에겐 생소하지만 더없이 엄청난 도전에 응하면서 걷기 시작한 길이다. 그리고 그 길은 인내와 신앙의 결과로 좋은 날이든 궂은날이든 나아가 모든 인간적인 기대가 좌절을 맛보는 매우 힘겨운 날이든 그런 모든 날들을 거쳐 계속해서 나아간 길이다. 한편 그 길은 처음부터 마지막까지 신앙과 순종으로 응하면서 변함없이 꾸준히 걸어온 길이기도 하다. 이러한 시작과 함께 꾸준히 걸어온 이 길에는 최종적으로 유효한 결말이 마침내 도달한 고향에서 끝없이 비추는 신비 가득한 빛을 따라 선물처럼 주어질 것이다.

성모 마리아는 이러한 길을 어머니이자 신앙인으로서 예수님과 함께 꾸준히 걸어가셨다. 그리하여 성모님 역시 예수님과 함께 마침내 성부의 비가시적인 영광 안으로 들어 올림을 받으셨다.

우리는 이 모든 것을 곰곰이 묵상할 필요가 있지만, 그 무엇보다도 더 중요하게 생각해야 할 묵상이 있다. 성모 마리아가 조금도 주저하지 않고 자신의 길을 걸어가심으로써 그분이 걸으셨던 그 길이 바로 우리의 본향을 향해 나아가는 길이 되었다는 사실과 그로써 성모님은 구원받은 모든 인간들의 전형이자 우리의 고유한 모범으로서 합당하다는 사실에 더 많은 시간을 할애해 묵상하면 좋겠다. 그러니까 우리가 예수 그리스도로부터 구원의 은총을 선사받기 위해서 우리의 방식대로 예수님을 믿으며 뒤따르려 할 때 성모 마리아는 우리를 위해 좋은 본보기가 되신다는 말이다. 그리하여 우리 자신을 위해서도 하느님의 부르심에 믿음을 앞세워 준비하는 신앙인의 자세를 누구보다도 먼저 성모 마리아에게서 배울 수 있다. 또한 하느님의 명령과 부르심에 기꺼이 응하면서 자신의 길을 나설 때 그 올바른 자세를 누구보다도 알아듣기 쉽게 성모님에게서 배울 수 있다. 그리하여 성모님을 모범으로 삼고 배워 익히는 그 길은 어떤 경우든 헌신적이고 사랑으로 봉사하는 길이 될 것이다. 그리고 결국에는 예수님과 함께 믿으며 기도하고 나아가 예수님과의 결속을 다지는 가운데 겪게 되는 이런저런 어려움과 좌절들, 나아가 온갖 고통을 견디어 내면서 그 길을 걷는다는 사실이 우리에게 중요하다.

그래서 무엇보다도 우리에게 중요한 사실은 우리의 길을 끝까지 걸어가는 것이다. 그 끝은 지금의 우리가 내다볼 수 있는 한에서 몸서리쳐지도록 두렵기까지 한 우리 자신의 죽음이다. 두려움을 갖는 것도 우리가 끝까지 걸어가기로 마음먹을 때 불가피한 경험이며 이 여정의 일부분이다. 그리고 그 죽음이 두려운 까닭은 우리가 이 지상에서 살아오면서 바라보는 시각으로는 여전히 그저 어둡게 가려져 있듯이 죽음이 생소하기 때문이다. 우리는 반드시 그리로 가야 하는데, 직접 경험하지 못한 까닭에 다만 우리가 경험하는 칠흑 같은 밤보다 더 어두워 보이는 것이다.

하지만 예수님을 바라보면서, 나아가 그분의 어머니를 바라보면서 우리는 저 죽음의 어둠이 영원한 빛, 하느님의 빛을 그 속에 감추고 우리를 기다리고 있다고 믿어도 좋을 것이다. 그 빛은 모든 것을 샅샅이 비춘다는 점에서 심판을 뜻하기도 한다. 그러나 우리가 예수님과 함께 우리의 가난한 마음을 성부께 오롯이 봉헌하는 한, 우리는 그 심판을 두려워할 필요가 없다. 왜냐하면 예수님께서 우리를 대신하여 희생하심으로써 우리는 이미 하느님과 화해하였고, 그분께 용서받았기 때문이다. 그러므로 성모님이 승천하신 저 하늘은 [우리의 죄악은 사라지고] 오로지 하느님의 영광만이 가득 찬 나라다. 그리고 그곳은 정작 우리가 평화로이 안식을 누릴 수 있는 고향이다. 왜냐하면 우리가 영원히 속하게 될 그곳에 마침내 받아들여질 것이기 때문이다.

성모 마리아를 바라보면서 우리는 하느님께서 우리 역시 온전히 육신마저 받아들이실 것이요, 그 때문에 하느님의 나라에서 우리 또한 동료 인간 및 동료 신앙인들과의 유대를 계속 이어 갈 것이라고 믿어도 좋을 것이다. 그런 의미에서 우리는 다시금 공동체로서, 그러니까 교회, 아니 정확하게는 천상의 교회로서 우리는 이 지상에서 공동체적인 삶을 살더라도 나아가 교회 안에서 믿는 이들 사이에서조차 쉽게 발생하는 부담스러웠던 상황들, 예컨대 도무지 따돌릴 수 없는 크고 작은 다툼이나 알력들과 같이 결코 완벽하게 극복할 수 없었던 우리의 그늘진 모습들로부터 비로소 완전히 자유로워질 수 있을 것이다.

우리는 이러한 것이 어떻게 진행될지 고민하며 실망하고 좌절해서는 안 된다. 하느님께서 당신이 사랑하시는 이들을 위해 마련하신 그것을 아무도 보지 못했고 또 아무도 듣지 못했으며 그 어떤 인간도 마음속으로 훤히 깨달은 적이 없기 때문이다. 그러므로 아무도 보지 못하였기 때문에 당장은 우리가 믿음으로 받아들이며 희망한다면 그것으로 우리는 최선을 다하는 것이 아닐까! 그래서 때때로 성모 마리아의 승천을 기념하는 한여름 밤에 아름답게 수놓은 꽃다발과 때론 형형색색의 촛불을 들고 성모님 앞에서 우리 자신을 새롭게 가다듬는다면, 이리저리 바람에 흔들리면서도 반짝거리는 촛불처럼 구원의 기쁨을 알리는 놀라운 빛이 우리를 말없이 비출 것이라 확신해도 좋을 것이다.

베른하르트 벨테는 누구인가?

　베른하르트 벨테는 1906년 3월 31일에 독일 메스키르히에서 태어났다. 이곳은 마르틴 하이데거가 태어난 곳이기도 하다. 동향 친구이자 스승인 하이데거와 얼마나 친분이 두터웠는지, 생전에 하이데거에게 장례 미사를 집전해 달라는 부탁을 받았으며 미사 때 고별사를 하였다. 하이데거가 생을 마감한 지 7년 후에 벨테도 세상을 떠나 지금은 함께 메스키르히 공동묘지에 묻혀 있다.

　벨테는 1918년부터 콘스탄츠에 있는 하인리히-수소-고등학교에 다녔다. 아비투어(Abitur, 고등학교 졸업 시험 겸 대학 입학 시험)를 치르고 1924년부터 프라이부르크와 뮌

헨에서 (신학생으로서) 신학을 공부했다. 1929년 사제 서품을 받은 후 당시 프라이부르크 교구의 대주교 콘라트 그뢰버의 비서로 15년간 소임을 다했다. 1940~1950년대에는 유명한 신학자 카를 패르버Karl Färber를 뒤따르는 학자들로 이름난 막스 뮐러, 라인홀트 슈나이더, 로베르트 셰러, 하인리히 옥스너 등과 함께 신스콜라주의 신학의 입장을 넘어 새로운 신학적 사유의 길을 모색했다.

1938년에 신학 박사 학위를 받았고, 1946년에는 카를 야스퍼스의 **철학적 신앙**에 대한 토마스적인 철학적 사유에 의한 해석 가능성을 주제로 교수 자격 논문을 썼다. 1952년 알버트 루드비히 대학교에서 교수직을 맡아 신학과 인접한 학문들과의 관계를 연구하는 분야를 가르치다가 2년 후 학과를 옮겨 은퇴할 때까지(1973년) 그리스도교 종교 철학을 가르쳤다. 1955~1956년에는 알버트 루드비히 대학교 총장직을 겸임하기도 했다. 1960년대에는 남아메리카에서, 1970년대에는 예루살렘과 레바논에서 교환 교수로 지냈으며 하이데거가 그랬듯이 일본 선불교 사상과도 접촉했다. 1966년 바오로 6세 교황으로부터 교황청 소속의 고위 성직자(몬시뇰)로 임명되었다.

그는 전통적인 토마스 아퀴나스의 형이상학과 현대의 하이데거의 철학적 사유 형식을 접목시키고자 노력하였다. 특히 무신론적이고 허무주의적인 경향이 점점 짙어져 가던 현대 사회에 새롭게 요구되는 종교적 체험의 가능성과 필연성을 현상학적으로 해명하는 일에 힘썼다. 먼저 현대 사회를 분석한 다음 "철두철미하게 세속화된 현대의 실증주의적이고 합리적인 과학 의식에 신은 불필요한 가설처럼 보일 뿐이다. 완벽한 합리적 세계 질서 속에서 …… 우리는 더 이상 신에 대한 물음을 제기할 필요를 느끼지 않는 듯하다."('세속화된 세계에서 신에 이르는 길 모색 Versuch eines Weges zu Gott in einer säkularisierten Welt'에서)라고 말한다. 그러나 이러한 시대에 현존재가 자주 겪게 되는 무無에 대한 경험이란 사실상 신神 체험에 대한 새로운 가능성이라고 해석한다. 이는 과거 교회 내에서 디오니시오스, 마이스터 에크하르트 및 헨리코 수소 그리고 니콜라우스 쿠사누스가 통찰한 (절대) 무와 하느님의 비교를 통해 그 같은 해석의 토대를 마련할 수도 있지만, 벨테는 특히 하이데거에게서 도움을 받는다. 하이데거는 철학과 신학을 공부하고 고대 그리스의 낭만을 동경하며 종교적 메시지를 시로 승화한 시인 프리드리히 횔덜린에게서 가끔 영감을 받았는데, "타락한 곳에 구원이 있다."라는 그의 시구詩句를 인용하며 풀이하기도 했다. 하이데거의 **존재**에 대한 남다른 통찰은 신에 대한 강렬한 믿음 못지않다. 그래서 "존재의 진리에서부터 비로소 성스러움의 본질이 사유될 수 있다. 그리고 성스러움의 본질에서부터 비로소 신성神性의 본질이 사유될 수 있다. 그리고 신성의 본질의 빛 안에서 비로소 신이라는 낱말이 무엇을 지칭해야 하는지가 사유되고 말해질 수 있다."(《인문주의에 대한 서한 *Über den Humanismus*》에서)라고 말하기도 한다.

신앙인이 되기 이전에 유한한 현존재로 살아가는 인간은 무한한 존재 앞에서 자신이 누구인지 응답할 것을 요구받는다. 이 같은 실존론적인 처지에 놓인 인간을 위해서 신학과 신앙은 인간에게서 경험되는 고유한 현상들의 근거를 밝히는 데에 중요한 역할을 할 수 있고 또 그래야 한다. 현존재에 관한 철학적 사유와 교회의 신학 및 신앙의 관계를 공고히 다지려 했던 벨테는 하이데거를 중심으로 아우구스티누스, 토마스 아퀴나스, 에크하르트, 프리드리히 헤겔, 쇠렌 키르케고르, 프리드리히 니체, 모리스 블롱델에게서 영감을 받았다.

그는 신학과 철학을 주제로 많은 책을 집필하였는데, 주저로는 《니체의 무신론과 그리스도교*Nietzsches Atheismus und das Christentum*》(1958), 《영원의 자취를 찾아서*Auf der Spur des Ewigen*》(1965), 《결정과 자유*Determination und Freiheit*》(1969), 《사랑의 변증법*Dialektik der Liebe*》(1973), 《마이스터 에크하르트*Meister Eckhart*》(1979), 《시간과 영원 사이에서*Zwischen Zeit und Ewigkeit*》(1982), 《신앙이란 무엇인가*Was ist Glauben?*》(1982) 등이 있으며, 국내에 번역된 책으로는 《그리스도교 안에 살고 있는 영》, 《종교철학》이 있다.